Ramos

Do Autor:

Os Cinco Sentidos

Hominescências

Notícias do Mundo

Variações sobre o Corpo

O Incandescente

Júlio Verne: a Ciência e o Homem Contemporâneo

Ramos

Michel Serres
da Academia Francesa

Ramos

Tradução
EDGARD DE ASSIS CARVALHO
MARIZA PERASSI BOSCO

Copyright © 2004, Éditions Le Pommier
Título original: *Rameaux*

Capa: Evelyn Grumach/eg design

Editoração: DFL

2008
Impresso no Brasil
Printed in Brazil

CIP-Brasil. Catalogação na fonte
Sindicato Nacional dos Editores de Livros, RJ

S51r	Serres, Michel, 1930- Ramos/Michel Serres; tradução de Edgard de Assis Carvalho, Mariza Perassi Bosco. – Rio de Janeiro: Bertrand Brasil, 2008. 224p. Tradução de: Rameaux Inclui bibliografia ISBN 978-85-286-1337-7 1. Filosofia francesa. 2. Humanismo. 3. Teoria do conhecimento. I. Título.
	CDD – 194
08-2541	CDU – 1 (44)

Todos os direitos reservados pela:
EDITORA BERTRAND BRASIL LTDA.
Rua Argentina, 171 — 1º andar — São Cristóvão
20921-380 — Rio de Janeiro — RJ
Tel.: (0xx21) 2585-2070 — Fax: (0xx21) 2585-2087

Não é permitida a reprodução total ou parcial desta obra, por quaisquer meios, sem a prévia autorização por escrito da Editora.

Atendemos pelo Reembolso Postal.

Sumário

Sistema 11

    Formato-pai 13

    Ciência-filha 45

    O filho adotivo 74

Narrativa 109

    Acontecimento 111

    Advento 142

    Hoje 179

Bibliografia 213

*Para aquelas e aqueles que
me concederam a honra
de assistir a meus cursos*

O mundo atual grita de dor porque entra em trabalho de parto. Mesmo sob sérios riscos, devemos inventar novas relações entre os homens e a totalidade do que condiciona a vida: planeta inerte, clima, espécies vivas, visíveis e invisíveis, ciências e técnicas, comunidade global, moral e política, educação e saúde... Trocamos nosso mundo por outros mundos possíveis, e deveremos abandonar inumeráveis paixões, idéias, hábitos e normas que inspiraram nossa breve duração histórica. Penetramos num ramo evolutivo.

Em eras precedentes, nenhum saber teve necessidade de conceber nem conduzir projetos tão vitais: reinventar a universalidade do indivíduo, reconfigurar seu hábitat e tecer novas relações. Por ter de repensar tudo, a filosofia modifica seu alcance explicativo e assiste ao crescimento de sua responsabilidade. Ou aparecerá um novo homem, um cidadão do mundo, ou a humanidade estará ameaçada. Devemos estabelecer a paz entre nós para salvaguardar o mundo e a paz com o mundo para nos salvar.

Sistema

Formato-pai

Sistema de proteção antiacontecimentos

Numa época em que a florescente Veneza fervilhava de embarcações e mercadorias, os armadores e freteiros da laguna temiam falir. Por que razão? Porque o crescimento de suas trocas marítimas, em número e distância, aumentava, também, os milhares de riscos e desafios; quanto maior a extensão do poder no mar, maior o número de imprevistos. Um navio com um carregamento valioso afundava, enquanto outro, quase vazio, chegava a um porto seguro; na estação muito seca perdia-se a colheita; em Constantinopla, um parceiro de negócios pagava mal, o de Marselha falecia... Para vender um casaco de peles em Pádua, era preciso criar nas Ilhas Baleares um rebanho de ovelhas, sempre sujeito às epizootias; tosquiá-las, cardar a lã em Narbona; embarcá-la por mar, sob tempestade ou bonança; armazená-la em Gênova, em depósitos infestados de ratos; tecê-la em Roma; confeccionar a peça de roupa em Turim e despachá-la novamente por estradas infestadas por ladrões... Como não se perder numa rede como essa, repleta de acidentes e obstáculos, que, muitas vezes, se interrompia de um lado para reintegrar-se do outro, e isso de forma diferente para o trigo, o vinho ou as especiarias? Como controlar o fluxo do dinheiro que circulava por toda parte, créditos, débitos de longo e curto prazo, empréstimos, dividendos, câmbio entre florins, ducados e outras moedas, alfândega, concessões, impostos de todo gênero, devidos entre os limites de um espaço entrecortado por inumeráveis feudos; sem falar nos banqueiros desonestos, escroques e outros piratas, com os quais o próprio Cervantes compartilhava a vida?

O comércio mediterrâneo jamais teria propagado nos tempos do Renascimento sua profusão de riquezas, coroada de imortais obras de arte; Veneza nunca teria conhecido tal esplendor e sucesso se não se houvesse concentrado, aplicado e, até mesmo, suscitado milhares de expertises e técnicas precisas: da ampulheta à rede espacial, do estabelecimento de unidades de todas as ordens à contabilidade... medidas destinadas a prevenir qualquer acontecimento.

Balança e balanço

Os primeiros livros dessa contabilidade descrevem com minúcias o conjunto dessas operações, postos e datas, extratos e gráficos, custos e despesas, perdas e lucros, memória e projetos. Seu objetivo visa a fazer um balanço geral que põe ordem na casa de quem sabe levá-lo, geri-lo e mantê-lo em equilíbrio, daquele que prevê seu futuro e sua prosperidade. Da mesma forma que, em sua loja ou na praça do mercado, o comerciante local tinha sempre em mãos uma balança para pesar a farinha ou o sal e receber por eles o preço e o lucro justos, assim também, para implementarem seus negócios nos quatro cantos habitados da Terra, repito eu, em seus estabelecimentos, nos quais se acotovelavam centenas de aprendizes e marinheiros, o armador e o banqueiro inventaram esse balanço contábil, como uma forma de balança abstrata e generalizada.

Instrumento de medida refinado, aplicado a uma rede complexa e flutuante, o balanço pressupõe que outras ferramentas métricas, já inventadas, estejam à disposição para lhe servir de apoio: certamente, algumas balanças para avaliar os pesos, no momento da partida ou da descarga do navio no porto, além, ainda, de números e unidades, não apenas para esses pesos, mas, também, para comprimentos e volumes que, pelas séries que formam, são adequados para ajudar nas regras e cálculos; alguns relógios para assinalar o tempo; um calendário exato e, se possível, unificado, para que os parceiros de negócios entrem em acordo quanto às datas, prazos e pagamentos; moedas sobre cujo valor todo mundo concorde e, conseqüentemente, uma espécie de Bolsa de Valores na qual discutir os câmbios dessas moedas; uma língua comum, a *língua franca*, que marinheiros e operários falavam naquela época; uma aritmética e procedimentos de cálculo, adição, divisão... aparecem os logaritmos neperianos; o processo de fabricação do papel, o tamanho dos livros e as margens das páginas, a separação das palavras, a disposição dos capítulos e dos parágrafos... semelhantes a essas primeiras partituras musicais constituídas de notas denominadas segundo as primeiras palavras de um hino: dó, ré, mi, fá... e, sem demora, a imprensa para as letras; as regras do desenho para os projetos... a perspectiva na pintura; um direito que permita resolver os litígios... Enfim, como navegar sem instrumentos para medir os ângulos, sem regras de cálculo, sem um modelo astronômico, sem compasso nem portulano, sem um mapa que indique o traçado exato do espaço a percorrer? Por meio da generalização dessa métrica, essas máquinas e referências contribuem para um verdadeiro controle das operações.

Essa padronização de pesos e medidas, de sinais e atos, torna possíveis as trocas mundializadas entre o que então se chamava de terra habitada. No espaço desse tempo, nenhuma economia de tal envergadura teria sido capaz de se organizar nem funcionar sem esses números, sem essas operações, não apenas sem as medidas que eles permitem ou pressupõem, mas, sobretudo, sem essa metrologia generalizada. A economia é resultante dela, pelo menos na mesma medida em que a condiciona. Em resumo, sua novidade pressupõe, ou acompanha, no mesmo momento e nos mesmos lugares, a emergência da ciência moderna: em países mercantilistas como a Itália e Flandres, pátrias de Girolamo Cardano (1501-1576)* e Simon Stevin (1548/49-1620),** respectivamente. Não que eu acredite, repi-

---

* Nascido em Pavia, Itália, foi um cientista e sábio. Estudou matemática, filosofia e medicina. Foi o primeiro a introduzir as idéias gerais da teoria das equações algébricas. Na medicina foi o primeiro a descrever clinicamente a febre tifóide. (N.Ts.)
** Engenheiro, físico e matemático natural de Flandres (agora Bélgica). Estudou os campos da estática e da hidrostática, introduziu o emprego sistemático das frações decimais e aceitou os números negativos, com o que reduziu e simplificou as regras de resolução das equações algébricas. Propôs o sistema decimal de pesos e medidas. (N.Ts.)

to, que a economia tenha determinado as descobertas científicas, mas o reagrupamento de um conjunto de técnicas do mesmo gênero, um gênero ao qual procuro dar um nome, condiciona as trocas complexas do comércio realizado em torno do Mediterrâneo na época do Renascimento, assim como a emergência da ciência que herdamos.

Formato: unidades homogêneas, séries, repetições

A esse gênero de coisas dou o nome de formato: a contabilidade formata as trocas, assim como, nos dias de hoje, o computador formata e globaliza nossas informações; denominemos, pois, formatação a padronização do conjunto dessas medidas científicas, práticas, culturais e até mesmo artísticas, nos casos das partituras musicais destinadas aos corais e nas pinturas dos mestres. Uso o exemplo da contabilidade porque a palavra precede o que, em latim anglicizado, designa nossas máquinas; ao agrupar contábil e mensurável, ambas produzem inumeráveis configurações, pressupõem elementos, séries, repetições, homogeneidades, medidas e acordos que dizem respeito a vários domínios que, naturalmente, pensamos não terem nenhuma relação entre si.

Como já mencionei, o Renascimento redescobre as mesmas características no que diz respeito à música, na escrita de suas notas, tempos e ritmos, assim como na perspectiva do espaço, na contagem do tempo por meio do relógio e, finalmente, nas experiências de Galileu, filho de um músico, a respeito da gravidade dos corpos, suas velocidades e acelerações.

Teria o pai unificado na ópera as técnicas de medida que o filho reuniu na mecânica e na astronomia?

Coisas e homens: a formação

Se, dessa forma, a contabilidade associa e atribui um nome a inumeráveis tipos de cálculos, ela obriga, também, a que se façam contratos. Como remeter tudo ao equilíbrio contábil? A palavra *Com-putare*, comparar duas coisas ou um conjunto delas, associa a preposição *cum* ao verbo *putare*, que significa julgar ou pensar, e que, ele mesmo, se origina de *putus*, limpo e puro, empregado na purificação do ouro e da prata, mas também no caso das pessoas; o latim associa naturalmente *purus* a *putus*. Não podemos comparar dois volumes ou pesos de ouro a não ser que o metal esteja livre de impurezas; com isso, poderemos repetir tal operação sempre que quisermos. A pureza das coisas permite que elas sejam reduzidas a números. Extrair, abstrair: a purificação de qualquer tipo de liga determina a repetição, ou seja, a abstração, ou seja, enfim, a lei. Dessa maneira, podemos alinhar as séries, calcular... contabilizar.

Encontra-se aí definida a verdadeira natureza do metal; ora, esse princípio de identidade aplica-se tanto ao sujeito como ao objeto: no ouro puro, nada de chumbo sem reles valor, nada de desonestidade no comércio. Pureza da referência, integridade da confiança, ausência de qualquer tipo de roubo. O mercado exige que se acabe com a corrupção. Coisas e homens puros não mentem. Os contratos tornam-se possíveis. A formatação atinge o indivíduo e os grupos, a cultura e o pensamento, a formação pedagógica do homem e a Reforma dogmática da Igreja.

Quer se trate de letras ou números, dias ou estações... de livros ou de Bíblias impressas... as unidades de mesma natureza repetem-se em séries. Físico e mental, hardware e software, o universo como um todo se organiza e passa por um processo de formatação. O movimento que, mais tarde, os historiadores denominaram humanismo é enunciado de acordo com o mesmo termo: formação de jovens, métodos de ensino inovadores; informação disponível, a Bíblia à disposição de qualquer um; transformação dos espíritos, a Reforma. Formatação universal do homem e de seu mundo: a terra de Mercator emerge do formato de sua projeção cilíndrica; o mundo à maneira de Copérnico origina-se a partir do formato heliocêntrico; as anatomias de Vesálio formatam os cadáveres cuja dissecação é permitida por Louvain.

Definição do formato

Mais uma vez, como definir o formato? Algo cuja repetição formula uma lei; uma medida generalizada reúne o conjunto dessas unidades. A dominação ocidental terá nascido dessa síntese formidável de métricas? Dizem que foi assim.

O formato diz respeito a homens e coisas, à natureza e à cultura... assim como ao acontecimento, que é seu oposto. Se alguém adivinhar rapidamente o poder que o acontecimento propicia, poderá também perceber seus inconvenientes. Preservar a uniformidade do mensurável certamente permite a eficácia, uma vez que elimina qualquer acidente, mas exclui o acontecimento e impede a novidade. Exemplos: os programas de televisão recortam as imagens em ritmo rápido, avaliam o limiar de intensidade das catástrofes, o número de convidados, a personalidade do animador, etc. Nenhuma notícia real jamais ultrapassará essa rigidez. Os livros editados pela Universidade exigem temas precisos, bibliografia e índice, citações obrigatórias e notas de rodapé, etc. Nenhuma invenção consegue transpor esse rigor. O formato prospera sem inventar, imita sem inovar. Eliminar impurezas uniformiza o imprevisível e, com isso, a novidade. Os espíritos sucumbirão assim sob as regras contábeis? Agrada-me pensar que, em *O elogio da loucura,* Erasmo de Roterdam reuniu o elã de Montaigne, o humor popular cavalgando ao lado do cavaleiro da Triste Figura, personagem do livro, e as farsas de Rabelais... em meio a uma mundialização da economia e da cultura, cuja homogeneidade ameaçava as radiosas cerimônias da invenção. O ramo renascerá do caule formatado.

Outra genealogia do ato de computar

O Renascimento não organizou esses alinhamentos a partir do nada: desde a alta Idade Média, a vida monástica seguia as regras canônicas dos santos Bruno ou Bento, cujas prescrições estabeleciam o emprego do tempo, as horas e ritos do ofício divino, a forma em que o espaço no claustro deveria ser dividido e como o hábito fazia o monge. Além disso, este último submetia-se ao direito canônico, cujo nome evoca a adição de duas formatações, e ao calendário litúrgico. Palavra antiga no seio da Igreja —

ela aparece na língua francesa nessa mesma época: 1584 —, *o comput* calcula a epacta ou o intervalo entre os ritmos da Lua e os do Sol, a fim de determinar o emprego do tempo nos rituais estabelecidos com base nas festas móveis, como a Páscoa e o Pentecostes, ou nas fixas, como o Natal e a Epifania.

Quem nunca obedeceu a um horário rígido, previsto com muita antecedência, tanto para o ano como para as horas, matinas, primas, tércias, sextas, laudes, vésperas e completas, quem não saiu de sua cela ao soar dos sinos, não se debruçou sobre o birô para estudar, quem não foi ao refeitório, sempre em fila e, com freqüência, em silêncio... quem na juventude não viveu em um internato, mais tarde em um navio-escola, não trabalhou em turnos numa fábrica, ou numa empresa ... não recebeu uma formação. Essas coletividades seguem regras milenares semelhantes àquelas que os monastérios organizaram. O claustro, o pátio do colégio, a fábrica ou o escritório, o estádio ou a prisão... criam um lugar no espaço, contam o tempo, determinam de que maneira preencher os dias e a seqüência das horas, seus monges, internos, marinheiros e equipes vestem uniformes... em resumo, eles formatam o tempo, o espaço e as ações das crianças e dos adultos. Esse programa variou pouco desde a Idade Média até a manhã de ontem.

Pedagogia, produção, treinamento

Longe de mim a idéia de criticar os formatos aos quais, hoje em dia, o uso corrente daria o nome de masmorras. Há apenas alguns anos, ao entrar para lecionar na Santé, prisão central de Paris, quase não foi surpresa para mim constatar que a arquitetura do prédio reproduzia, com diferença de alguns poucos detalhes, a dos internatos que freqüentei na juventude, na época do liceu, nos quais conheci, no espaço e ritmos do tempo, encarceramento semelhante; será que tive algum dia ouvintes mais atentos? Punição ou trabalho? Trabalhos forçados para reforma ou formação?

No passado, ferrar uns ou queimar os chifres dos outros exigia que imobilizássemos os cavalos e bois; nós os amarrávamos a um paralelepípedo ao redor do qual se prendiam vigas de madeira unidas por juntas de ferro; não existia fazenda sem essa atividade, com o formato de três estacas. Instrumento de suplício que, desde então, conhecemos nos livros escritos por indivíduos que vivem nas cidades e que jamais o viram; sem ele, porém, como arrear os animais e prepará-los para os trabalhos no campo? No início, distribuíam coices para todo lado, mas não por muito tempo; tudo se passava como se eles compreendessem qual era sua função. Um odor acre emanava dos bois de jugo, de chifre queimado, semelhante ao dos pregos aquecidos até embranquecer, e que, com a ajuda da massa, eram usados para fixar as ferraduras nos cavalos. Assim como esses animais domésticos, vivi amarrado pelo "trabalho" do internato, do qual saí com a ferradura das ciências e das letras. Pelo menos, aprendi contra que tipo de canga devo distribuir meus coices.

Retomo o elogio do formato: hoje, assim como ontem, não existe obra sem trabalho, sem o formato gerado por limites semelhantes. De madeira e de ferro. Quem tem vocação para escritor será bem-sucedido se entrar para o monastério. Deitado, desperto sempre à mesma hora, debruçado sobre sua

FORMATO-PAI

tarefa por um período constante, sem se ausentar um dia sequer, ele só conseguirá alinhar sua seqüência de parágrafos se for capaz, igualmente, de alinhar seus membros e humores, seu espaço, seu tempo e o conjunto de sua existência, com total dedicação. A vontade de regulação adapta-se às regulações autônomas do corpo, ao calor ou ao coração, e os regula à sua maneira. Anacoreta ou escritor, o combate é o mesmo. O Ocidente esquece o sentido do termo em latim *devotio*: o sacrifício apaixonado da carne. Você quer escrever? Enfrente essa agonia. Sem o formato, no qual as formas dizem respeito tanto ao artesão como à sua obra, não há produção. Como é que um atleta alcança o estado que ele designa como "estar em forma"? Por meio de um treinamento que exige que ele siga uma regra e que se torne um monge; o mesmo acontece com o escritor. Trata-se de uma condição necessária que assegura, pelo menos, um trabalho bem-feito, uma corrida honrosa, um lugar medíocre entre os profissionais. Para a genialidade, porém, ninguém encontrou ainda as condições suficientes. A classificação das ciências e disciplinas, dos artigos e teses, das notas de rodapé, do índice e da bibliografia, a citação conscienciosa e humilde por ocasião do debate... são exigências universitárias que disciplinam a pesquisa e o pensamento. Conforme-se à força coercitiva da formatação... obedeça ao formato-pai que, invisível e ausente, reina sobre o saber absoluto. Se seu desejo, porém, é inventar, arrisque-se, livre-se do formato. Faça isso, mesmo que tenha de morrer, transforme-se em filho. As grandes obras conjugam formato e invenção, disciplina de ferro e liberdade: pai e filho.

Leibniz: matemáticas do pai e singularidades do filho

Exemplo: em Leibniz, a harmonia preestabelecida pressupõe que Deus, Rei Todo-Poderoso e Pai de misericórdia, Criador de toda a eternidade, programou o cosmo e os homens; essa harmonia estrutura as mônadas dentro de um gigantesco monastério; os claustros dos quais eu falava organizam-se e funcionam como um modelo reduzido dessa harmonia universal, cuja formatação generaliza para todo o universo qualquer empreendimento futuro. Precisei de toda uma vida para compreender que essa filosofia, sistematizada de acordo com os modelos matemáticos — outrora escrevi essa tese e dediquei-a a meu pai, camponês e marinheiro —, remetia, sem exceção, a essa figura altiva do Pai e às Suas Leis, formatadas por toda a eternidade.

Até que as *Singularidades* individuais e relacionais descritas por Christiane Frémont* me persuadissem de que acontecimentos não redutíveis a esses formatos delineiam, diante desse Pai, o lugar do Filho; de que o cristianismo da encarnação completa o monoteísmo, no sentido estrito; e de que, diante das ciências formais, uma lógica refinada determina acontecimentos e inovações. Em resumo, de que, em Leibniz, a partir do tronco universal e necessário do formato, explodem mil resultados contingentes. Raríssima nos pensadores, em minha opi-

---

* Filósofa, especialista em Leibniz, pesquisadora do CNRS [Conselho Nacional da Pesquisa Científica]. Sob direção de Michel Serres, coordena desde 1984 a edição de obras da filosofia francesa que conta, atualmente, com 107 títulos e 127 volumes publicados. (N.Ts.)

nião essa dupla entrada, ramificada, passa doravante por um sólido critério da filosofia autêntica assim como daquela filosofia a que nossa época aspira.

Antes de tratar desse tema, vejamos quantas formatações — paternais — surgiram no Ocidente.

Cinco momentos de formatação no Ocidente

1. Nas cercanias do mar Egeu, os séculos VI e V a.C. assistiram à invenção da escrita alfabética, por meio da separação dos fonemas em vogais e consoantes; a da moeda, uma outra forma de impressão e divisão em elementos — o termo pecuniário relembra que, outrora, *pecus* significava o rebanho destinado à troca —; seguidos pelos platônicos, os ensinamentos pitagóricos juntaram sua geometria aritmética à teoria das proporções; por intermédio de seu teorema da homotetia, Tales descreveu previamente, e com rigor, a forma das pirâmides, sob o peso e o volume das quais o antigo Egito tentava formatar a morte informatável. Das ciências às línguas e ao comércio, as formatações estendem-se pelo mesmo intervalo de tempo que o do Renascimento.

Quer se trate de modelos do mundo nos pré-socráticos, das idéias à maneira de Platão, da lógica e da mecânica aristotélicas... até chegar às primeiras palavras do Evangelho segundo São João... o *logos* grego significa menos discursos, palavra, ciência ou tradução convencional do que a fórmula $a/b = c/d$. Quase algébrica, essa fórmula também designa tanto a medida quanto o equilíbrio avaliados por uma balança, um invariante espacial de forma para as variações de tamanho. Conseqüentemente, uma justiça e uma harmonia organizam a exatidão das medidas, assim como organizam, também, as escalas musicais segundo a vibração das cordas, garantem as disposições das divisões contratuais, a política, a moral, assim como as relações com Deus: São João afirma que nós homens temos com Cristo o mesmo relacionamento que une o Filho a Deus, seu Pai. No formato dessa fórmula resume-se o milagre grego. Entre quatro letras e três signos, esse *logos* delineia o primeiro formato ocidental, suficientemente universal para não diferenciar disciplina nem campo especializado, da metafísica à religião, da álgebra à geometria, do direito e da justiça à política, da poesia e do canto à organização das formas harmônicas. Com Hipócrates e sua escola, esse *logos* cria um novo corpo humano que a escultura imita graças à onipresença da razão áurea*; com Tales, para quem tudo provém da água... com Empédocles, que acredita que as raízes do mundo encontram-se nos quatro elementos, ele cria uma nova Terra, mensurada à sombra do *gnomon* por Pitéias de Marselha, em latitude, e por Eratóstenes, em longitude; a partir de Anaximandro, a mesma relação geométrica dá origem a um novo universo. Assim como no Renascimento, um outro homem habita um novo cosmo regulado pela medida.

---

* Séculos antes de Cristo, os pitagóricos estudaram as relações entre os segmentos de um pentagrama e descobriram um número de importância histórica na geometria, estética, arquitetura e biologia. Esse número foi chamado, mais tarde, de número áureo ou razão áurea, e possui a designação *phi* (PHI maiúsculo), que é a inicial do nome de Fídias, escultor e arquiteto do Partenon. Os pitagóricos usaram a razão de ouro na construção do pentagrama. Relacionando-se com o pentagrama, a razão áurea aparece em muitas relações do corpo humano: a razão entre a altura de uma pessoa e a distância do umbigo aos pés, por exemplo. Esse número foi usado várias vezes por Leonardo da Vinci. (N.Ts.)

FORMATO-PAI

Conta-se que Atenas inventou a democracia; com essa mentira, ela eliminava da política mulheres, estrangeiros, metecos e escravos. Por meio desse *logos*, ou relação, Tales demonstra que a sombra de um corpo é proporcional à sombra da grande pirâmide; o poder do faraó, ajoelhado, submetido ao suplício de ser apedrejado, torna-se compatível com a fraqueza de qualquer um que esteja de pé. Melhor do que as instituições, esse *logos* exprime a igualdade.

Uma outra síntese

Por que razão *O Político* de Platão consagra o melhor de seus esforços iniciais a questões, à primeira vista fúteis, que tratam da dicotomia e a da arte de mensurar? Por que, como fazemos com a Grande Narrativa, ele evoca as rotações do planeta e suas fases temporais? Por que, assim como nós que acabamos de visitar Veneza, ele passa em revista as técnicas? Por que a arte do tecelão finalmente se transforma em retrato da realeza?... A não ser pelo fato de que a política exige um reagrupamento geral de todos esses formatos? Segundo consta, Platão inventa as idéias ou as formas. Isso significa que esse momento grego reencontra a arte da formatação em tudo que os homens fabricam em termos de cultura ou encontram no mundo natural: calcula, soletra, reduz a matéria a seus elementos, corta com a faca, articula, divide, mensura, alinha, entrecruza séries... Artes e ofícios, matemáticas e lógica, educação e ortografia, mundo e seres vivos, rebanhos e grupos e, finalmente, a política, arte suprema... o mundo sensível e as coletividades sociais submetem-se às formas do mundo inteligível... à sombra paternal do tecelão real.

2. A genialidade do latim declina essa métrica geral no direito e na administração, traça as vias terrestres e marítimas, organiza o exército em legiões, elas mesmas agrupadas em coortes... Mais concreta do que formal, mais cultural do que natural, mais jurista do que naturalista, Roma prefere formatar os homens mais do que as coisas, o governo mais do que a técnica. Em termos sociais ela alcança a universalidade tanto quanto a Grécia.

3. Não volto ao Renascimento, no qual florescem os elementos unificados que já mencionei previamente. Mais uma vez, a invenção da imprensa reside no formato: a "caixa" na qual Gutenberg interpõe as letras forjadas permite passar das letras escritas a outras, fabricadas, manipuláveis, substituíveis e vice-versa: primeira formatação hardware do software.

4. Ao redor do fim do século XVIII e início do XIX, surge junto com o sistema métrico uma das primeiras tentativas de formatação mundial: universal porque transcultural; relacionada às dimensões do planeta e aos ritmos astronômicos; evidentemente universal, a base decimal passa lentamente da ciência para uma utilização mais ou menos aceita por toda parte, que transcende as unidades tradicionais, cuja diversidade dificulta sua tradução e a transposição das fronteiras pelos homens e as coisas, mesmo se, localmente, as novas unidades levem muito tempo para se impor. A língua de Lineu, ideal para designar as

espécies vivas, e a língua forjada por Lavoisier para os elementos e compostos químicos... preparavam esse empreendimento.

Na mesma época revolucionária, um novo calendário tentou formatar o tempo que passa relacionando-o ao tempo que faz: vento, chuva, neve, frutas e colheita... a fim de liberá-lo de referências culturais que limitavam seu uso. Formatar o regular com a ajuda do irregular é uma tarefa sem esperança! Ao contrário do sistema métrico, o fato de que essas novas denominações tenham rapidamente fracassado não me impede, por vezes, de repetir com prazer as estrofes da litania ecológica: prairial, messidor, vendemiário, nivoso... Em contrapartida, o calendário intercultural positivista, mais tardio, reuniu ciências, artes e religiões, ao preferir enumerar os antepassados em detrimento de uma natureza que Augusto Comte rejeita como metafísica; a lei dos três estados e a classificação das ciências, porém, já haviam formatado a história e o conhecimento.

Uma nova Terra de onde emergem os pesos e medidas. Um novo Universo: co-autor do sistema métrico, Laplace formata o sistema solar segundo a lei de Newton que, a partir de então, graças a ele, se tornou tão universal quanto as linguagens da química e da história universal. Das ciências ao direito e à política, a recuperação cuja amplitude havíamos percebido nos episódios precedentes pôde ser reconhecida. Por outro lado, deve a Revolução Francesa ser considerada como um acontecimento inesperado e novo ou ela é a realização dos projetos que o Século das Luzes e a *Enciclopédia* haviam preparado? Será que ela libera antigos formatos ou, ao contrário, impõe os que precedem?

Para terminar essa era, eu justificaria de bom grado, por meio da extensão dessas formatações à subjetividade, conhecimento, costumes e julgamentos, a importância por vezes concedida a Kant: formas *a priori* da sensibilidade, esquematismo, conceitos do entendimento, idéias organizadoras da razão, imperativo categórico que regula a moral formal, definições do sublime e do belo... formatam o sujeito, assim como as unidades métricas formatam o mundo. O fato de que, nos dias correntes, a ingenuidade do projeto kantiano provoque riso ou inquiete não impede que seu autor tenha regulado a estrutura íntima das coisas.

Formato, informação, suporte

5. De modo igualmente imprudente, eu não teria tentado fazer uma retrospectiva, igualmente incompleta, se, atualmente, não estivéssemos assistindo a uma tentativa nova e semelhante, dessa vez universal. Redefinamos o formato: ele se refere ao tamanho de uma folha de papel, ou, no momento, à dimensão de qualquer tipo de suporte. Esse sentido habitual prepara, pelo menos formalmente, a metrologia universal na qual vivemos. Doravante, são raros os gestos práticos, atos, trocas e relações... nos quais a métrica não intervenha. Sem ela não haveria medicina, nem comércio, nem controle, nem lei, nem sociedade, nem polícia, nem moral, nem política, nem pensamento, ciência, ou religião. Assim formatadas, a enciclopédia associada à Internet e à integral temporal da Grande Narrativa substitui, hoje, os grandes tratados, de Euclides a Laplace... cuja publicação escande os momentos mencionados acima.

A informática generaliza uma vez mais as antigas tentativas, uma vez que o formato proposto por ela define as regras a serem seguidas no que se refere à dimensão e à disposição das informações sobre um suporte. Utilizadas independentemente de seu conteúdo, não resta dúvida de que essas duas últimas noções permitem revisitar a história mediante a reunião de domínios distintos ou hierarquizados sem justificativa. Quer se trate de grafite nos muros, de teoremas sobre um pergaminho, de notas em uma partitura, de poemas por e-mail... de todo tipo de representações, desenhos, mentiras escritas em cartas de amor ou calúnias por telefone... de cadeias de moléculas em um gene, um cristal ou uma célula, ou mesmo de átomos no interior de uma molécula... encontramos a informação depositada sobre um suporte que, apesar de invariante em sua função, varia de textura.

Como armazenar a informação? A noção geral de codificação, por sua vez, generaliza os números e elementos previamente enumerados, letras, notas, números, elementos químicos da genética, desdobramento de moléculas... *Bits* e *pixels* não levam em conta o conteúdo nem da matéria nem do sentido, nem do real nem do virtual: existe tanta informação em Pitágoras quanto em Verlaine, tanto nas calúnias quanto nas Doze Tábuas da Lei, na memória de um computador, no DNA de um organismo, em uma reação química... existe um número semelhante de *pixels* tanto na *Gioconda* quanto na tela de um *notebook* ou na fotografia de uma galáxia.

Como mensuramos a informação de modo proporcional à sua raridade, seu valor tornava-se imperceptível quando comparada às energias comuns; quanto ao formato, comum ou global, ele não acrescenta nenhuma informação para sua contextualização ou sua inserção sobre um suporte. Mais gerais do que os das metrologias precedentes, esses conceitos novos e formais de formato, suporte e codificação prometem um controle mais poderoso do mundo, inerte ou vivo, da cognição e das práticas, à medida que ocupam as coisas e as classes do saber. É certo que trocamos informações entre nós, grupos ou indivíduos; se não fizéssemos isso, morreríamos; mas deciframos essas informações, codificadas nos seres vivos, no interior das moléculas e dos átomos. Lá onde, ontem mesmo, não víamos nada além de trocas de energia, hoje identificamos transferências de informações. Começamos a compreender por que certas moléculas se formam enquanto outras desaparecem, como se as leis da evolução penetrassem no mundo inerte. Matéria e vida contêm o formato repetitivo e a informação rara que exprime a novidade... o esquema global do caule e do ramo.

Daí decorre a necessidade de uma nova síntese, subseqüente à de *Política* ou à do sistema de Leibniz. A filosofia não teria utilidade em nosso tempo se, por si mesma, não procurasse reconstruir, como as duas outras, o cognitivo, o objetivo e o coletivo. Quantas de nossas instituições assemelham-se a essas estrelas cujo brilho aparente ainda vislumbramos, embora saibamos que estão mortas há muito tempo? Quantas delas assemelham-se a museus! Inumeráveis fósseis recobrem nossas cidades. A amplitude dessa síntese permitirá que tudo seja reconstruído.

Meu ensaio *Hominescências* celebra a maior descoberta do século; eu a retraduzo: a informação encontra-se no próprio núcleo da matéria, na disposição dos átomos que formam as moléculas, ou das partículas no interior dos átomos. Todas as coisas do mundo, inclusive nós mesmos, recebem, conservam e transmitem informação. Cada elemento outrora considerado hardware revela o software. Em conseqüência disso, o ato de formatar a informação tira sua origem dos elementos constitutivos do universo. Vivos e absortos em pensamentos, não somos diferentes deles; a história dos homens inscreve-se na Grande Narrativa. Não existe formatação mais universal do que essa. Codificação, formato e informação incluem-se, assim, na metafísica na qual o suporte substitui a substância. Essa nova síntese conecta o universo e as culturas por meio de um contrato natural.

O Grande Formador

Interno ou externo, imanente ou transcendente, o formato provém do próprio mundo, de fora ou de nós? Por vezes, fazemos dele uma imagem: ingênua, simbólica, carnal, comovedora... em algumas estatuetas e nos *pixels*: o pai administra sua família; o presidente governa; o legislador dita as leis; o estrategista conduz as batalhas; o cientista domina uma especialidade; o médico cura; o professor ensina a língua, o orador a transmite com sua voz; o arquiteto projeta o edifício e o mestre-de-obras executa a obra-prima com perfeição; o banqueiro investe em empresas que o contador irá manter em equilíbrio; o padre e o pastor pregam; o publicitário polui o espaço e o tempo com seus *outdoors*; o sábio vive a moral; o santo, o gênio, o herói e o campeão servem de exemplo... Inumeráveis manuais dão nomes, que variam segundo as línguas e as ideologias, a essas admiráveis e duvidosas qualidades.

Colocadas essas vinhetas elementares sobre o grande formato oval de um quadro, ou retangular no caso da tela de televisão, elas se juntam e adquirem sentido, em alta escala, formando uma única e mesma cabeça; a figura do pai, em suma, a multiplicidade. Por mais diversificados que sejam os domínios ou a aplicação das regras, o Grande Formador representa a integralidade sinóptica dessas sombras. Os momentos históricos precedentes definem as eras do Pai... o tecelão real em Platão, o Deus de Leibniz... será que algum dia deixamos de nos interessar por essa imagem?

O Pai, nos dias de hoje?

Nos dias de hoje, leis mais regulares do que as inventadas pelas eras passadas, destinadas a organizar ou submeter as coletividades, compreender e dominar o planeta, salvar ou subjugar as almas, formatam a Grande Narrativa do mundo inerte e dos seres vivos, antes do nascimento das culturas e, por isso, na ausência da intenção humana. Desde então, qual imagem de pai as leis da física, as do programa genético e a apropriação global da própria narrativa... projetam sobre a fabulosa tela do universo e sobre a gigantesca duração do cosmo? Reencontraremos o conjunto de estatuetas que acabei de listar? Fora do espaço e na eternidade dos tempos, o Deus dos filósofos e dos sábios, Todo-Poderoso, Onisciente e Criador, justo e misericordioso... retorna para fazer uma simples sinopse do formato de todos os formatos?

A imanência se auto-organiza em silêncio ou faz uso de um verbo transcendente? O pensamento pode prescindir de uma função integradora, pessoal ou não, do entendimento-soma das verdades eternas evocadas por Leibniz? O pensamento pode expandir-se sem um sistema global cujo equilíbrio e fim garantem a fidelidade de nossos pensamentos locais à realidade? Nossos saberes servem-se da função reguladora de um saber absoluto? Até mesmo o Iluminismo viveu sob o jugo dessa forma aglutinadora, literalmente pré-formacionista, fonte perene e referência das leis, da razão, de todas as formatações físicas e culturais.

Aqueles que procuram matar o Pai qualificam esse formato de feroz, e não deixam de ter seus argumentos. De fato, não há dificuldade em avaliar a quantidade de violência necessária para impor qualquer formato. O estrategista, o legislador e o rei... dispõem de exércitos; Deus se cerca de legiões de arcanjos com suas espadas de fogo; o financista cria riquezas e miséria... Quem não se revolta diante das injustiças é porque não tem coragem. Em contrapartida, razões mais frias e demonstrativas eliminam a própria idéia de sistema e pré-formação. Os formatos se instalam contingentemente? Voltarei a falar dessa questão.

O tirano

Vamos tratar agora de violências mais contemporâneas. Será que a angústia sentida nos dias de hoje provém do fato de nos sentirmos atados por uma formatação terrivelmente pregnante? Não levantamos mais um dedo sequer sem pagar imposto por isso; miríades de imagens invadem nossas representações e, por sua vez, as formatam; não sentimos mais um único desejo cujos impulsos a publicidade já não tenha suscitado em nossas almas-autômatos; mundo e meio ambiente, ações, objetos, sentimentos e opiniões nos aprisionam entre grades cerradas. Não iremos produzir às cegas nem mesmos nossos filhos... Associamos, então, toda formatação à necessidade, a necessidade à escravidão e a escravidão à morte. Liberdade, o que aconteceu com suas antigas vitórias? Morte, é seu o triunfo final? A figura do Pai transforma-se na do tirano. Os fundamentalismos refletem esses resquícios sinistros.

Por essa razão, nossas condutas revertem as atitudes antigas a respeito do inesperado e imprevisível. Esses acontecimentos causaram tanta angústia em nossos ancestrais, que a aplicação dos formatos lhes dava um pouco mais de segurança, desde que seguissem as previsões das leis científicas. O Século das Luzes esclarece essa idéia.

Previdência e previsão

A previdência contava como uma virtude do pai de família, dono de uma visão finita e um horizonte limitado, enquanto o outro Pai, Eterno, Todo-Poderoso e Criador, era considerado o único a conhecer tudo, por Sua capacidade de previsão racional acompanhada de misericordiosa providência; essa tríplice variação sobre a visão distingue os dois pais, o eterno e o temporal. A partir do momento em que as leis newtonianas permitiram predizer tanto um eclipse quanto o impacto de um obus, a previsão, que outrora era privilégio do Pai Eterno, agora se estende ao pai temporal; somente Deus possui essa capacidade de previsão, afirmava Voltaire, enquanto a previdência, aleatória, continua a ser humana; doravante acedemos não só à previdência-virtude, respondia Maupertuis,* mas também à previsão-conhecimento. Esse avanço que, na visão do primeiro, constitui uma blasfêmia, na opinião do segundo, anuncia o progresso.

Por habitarem e viverem em um mundo aberto aos acontecimentos-acidentes, contingentes e perigosos, esses neoclássicos sentiram-se livres dos riscos, em parte por causa das ciências e técnicas criadoras de formatos. Assim como Prometeu roubou o fogo do céu, nós roubamos a previsão de Deus. Os Iluministas nos ensinaram, portanto, a respeitar as leis, não apenas aquelas cujo espírito é descrito por Montesquieu ou que Rousseau usa para nomear o legislador e definir o contrato, mas as leis da física, da mecânica e da história natural, que eram regulares e permitiam fazer previsões. A partir de Newton, sabíamos controlar as forças do mundo. Mesmo se elas tivessem a tendência de reverter toda a teologia, ou uma parte dela, os Iluministas continuavam a reverenciar o Pai; ao dominar a previsão, eles se instalavam em Seu lugar.

Atravessamos essa perspectiva dos Iluministas duas vezes. Habitamos e vivemos num mundo já tão regulado pelas tecnociências, tão protegido, uniforme e previsível, que preferimos muito mais o acontecimento e a novidade. Experimentamos menos a previsão como benefício do que como perda de liberdade. Receamos ser despojados daquilo que precisamente ame-

---

* Pierre Louis Moreau de Maupertuis (1698-1759), matemático francês, autor do "princípio da menor ação" (1744), que ele considerava lei universal da natureza. (N.Ts.)

drontava nossos ancestrais: a contingência. O que tenho a dizer, além disso, é que, atualmente, participamos menos da previsão divina do que de Sua criação; por isso, ao recusar os riscos, rejeitamos a invenção de artefatos dos quais não poderíamos prever os efeitos. Receamos duplamente as ciências e técnicas: em continuidade aos Iluministas, que elas erradiquem as probabilidades de contingência; em continuidade às antigas eventualidades, que erradiquem nossas certezas. Preferimos confiar nos acidentes da natureza, com a condição, é claro, de que estes sejam brandos.

Uma idade do Filho?

Separamo-nos dos Iluministas menos pela fé em Deus ou pelo ateísmo do que pela diferença, bem mais decisiva, entre a pré-formação e a imprevisibilidade: por um outro medo, o da contingência. Doravante, criamos coisas cujo comportamento ultrapassa nossas previsões. A criação separa-se da pré-formação. A contingência está em toda parte, inclusive nos saberes denominados duros; por exemplo, a teoria do caos rompe o caráter mecânico da previsão. A antiga lei tríplice do pai, previsão e providência ainda nos deixa apenas a previdência.

Outro exemplo: pensamos e devemos decidir por meio de grandes números e singularidades com margens de erro. Quando associados, o jornalista e o político exigem uma decisão distinta, o cientista responde, hoje, por intermédio de uma estimativa estatística, ou seja, com uma dúvida e uma proporção. Quando os primeiros exigem risco zero, o cientista nega essa possibilidade. Nesse momento, ocorre uma cisão na figura do pai: diante do público, a duplicidade do poder das mídias e do Estado eterniza a figura arcaica do pai, cujo entendimento contém as certezas pré-formadas que permitem acreditar em verdades definitivas e fechadas, em um tribunal de causas e acusação, em um sistema do mundo, em um encadeamento racional da história... enquanto o cientista abandona esses formatos para adotar perfil mais moderado. Nele o conhecimento muda de estatuto e inaugura um tempo que caracterizo como a idade do Filho. A partir de então, ele afirma que existe sempre uma margem de erro e, portanto, de riscos; penso, logo duvido; quem não tem dúvidas não pensa, mas age como a antiga figura do pai.

Daí a nova contralista dos filhos: o cientista hesita em sua especialidade; o médico responde a processos; o cientista titubeia diante de escolhas impossíveis; o legislador codifica questões sobre as quais ele não tem mais domínio; o pai negocia a administração da família com a mãe e com os filhos; e o tirano foge de seu país, agora uma democracia... O estrategista inquieta-se com o fato de não poder mais assassinar crianças... O *Homo faber* e o teólogo compreendem, enfim, que ninguém jamais domina suas criações... Chega a idade filial.

Ciências-filhas

Conseqüentemente, as diversas revoltas contra o pai, contra os hábitos absurdos e repetitivos, contra a pré-formação, sem liberdade de agir... contra as ciências e as técnicas, cujas leis têm nome igual ao das ditadas por um rei doméstico ou público... recrutam seus militantes no mesmo campo que seus adversários, que deploram a perda de referências sem perceber que a contingência supera o formato; que a pré-formação jamais ocorreu; que o possível ultrapassa o previsível; que os grandes números sempre acrescentam uma face maldita a uma regulação que só pode normatizar a maioria; que a liberdade vem favorecer a autoridade. Quando a lei é abundante, o detalhe é superabundante. A aspirina cura, mas disseminar seu uso não elimina a possibilidade de acidentes; não existe certeza absoluta de que alguém não morrerá em vez de encontrar alívio para seu sofrimento; a razão, a ciência, a lei... o pai... a prescrevem, e ela será o lenitivo para a dor de milhões de pessoas; doravante, porém, ninguém esquece a margem obrigatória de riscos mortais. O acontecimento retorna mais uma vez por meio do formato, assim como os filetes de água da inundação ramificam-se sobre, sob e através do dique.

Um novo saber-filho, que o próprio matemático pratica desde que demonstrou que nenhum sistema formal fecha-se sobre si mesmo, destitui o legislador de barbas e o velho leão... de sua importância, de sua segurança, de suas certezas. A demonstração, a razão... o formato deixam resíduos em todos os lugares, naturais e culturais. O real dispersa-se ao redor do racional. O concreto supera o abstrato. Os casos singulares excedem a regra. O corpo físico precede a bioquímica. A singularidade de uma pessoa delineia paisagens variadas, assim como o particular ensina, por sua vez, o médico e o magistrado. As mãos tentam reter uma água que sempre lhes escapa pelos dedos... Esse desequilíbrio entre formato e informal, a lei e as multiplicidades que a excedem, esse intervalo, essa existência... movimentam o mundo, os seres vivos, a história, as culturas e as ciências... fazem brotar, aqui e ali, inumeráveis ramos arborescentes.

Prossigamos... a partir do mais simples: não conhecemos a lei de distribuição dos próprios números primos... ao mais complexo, que formula esse diálogo: Einstein: "Deus não joga dados"; Niels Bohr: "Você pretende dizer a Deus o que Ele deve fazer?"Aos vinte e quatro anos, no auge do nanodetalhe nuclear, Werner Heisenberg ultrapassou a figura do Pai que, com sua brilhante cabeleira, ditava sua lei ao mundo. Essas breves palavras, trocadas entre a relatividade triunfante e os primórdios da mecânica quântica, chocam-se com a intuição e reproduzem, quase literalmente, as palavras que Bossuet dirigia a Leibniz, que acabava de descrever como Deus criara o mundo: "Você tem participação no conselho divino?" Singulares e inconstantes, pedaços de nuvens encobrem freqüentemente o Sol, e, assim, tudo parece sempre novo sob sua lei única com figura de rei. Caótica, a meteorologia pode impedir a observação das leis astronômicas. Tão regulares em Newton e Laplace, elas próprias explodem de caos a partir de Poincaré ou das nuvens galácticas da astrofísica. Como em uma paisagem, as circunstâncias retornam ao saber. Um grande número de filhos supera o pai.

Matar o pai? Tão belo. O fato de existir um elemento de morte na autoridade permanece um mistério insondável da produção. Quando chega a hora certa, revoltar-se contra o tirano é um dever. Depois de alcançar a vitória, porém, evitem substituí-lo como fez Napoleão, que sentou no trono dos reis, e Stalin, que se apropriou do palácio do tsar. Em contrapartida, o fato de existir no formato um motor de produção irredutível, do qual fiz e farei a apologia, permanece também um mistério insondável. Precisamos dele para viver, pensar ou produzir. Ou, irresistível, ele nos conduz à morte. Tentar matar o pai para livrar-se dele é recair sobre a mesma lei de morte. Resta uma questão: como escapar desse destino?

Apagar o acontecimento contingente em nome da lei racional também me parece tão pouco inteligente, da parte do antigo pai, quanto suprimir a lei em benefício da plenitude do real o é da parte do novo filho. Poderíamos fazê-los entrar em acordo? Quando a teoria das branas e das supercordas tenta reconciliar a relatividade do primeiro com a mecânica quântica do segundo, imagino que os matemáticos resolvem um assunto de família.

A Grande Narrativa e a história

Antes que a liberdade, a insanidade e o desejo humanos formatem seus próprios hábitos, a Grande Narrativa submete-se a dois formatos propriamente universais: as leis da física e o código genético. O segundo, cujas origens ignoramos, sofre incessantes mutações e produz, contingentemente, um número incontável de espécies humanas vivas diferentes, levando-se em conta o filtro ambiental; a combinatória que modela as variações dessas espécies assemelha-se mais a uma loteria do que a um conjunto de decretos. Quanto às constantes físicas que acompanham as primeiras, elas atestam, simultaneamente, o real e sua contingência; se, com efeito, seus valores fossem outros, tratar-se-ia de outro mundo. Seu produto ergue a barreira de Planck* atrás da qual se encontra, acima de tudo, um início sobre o qual não temos controle, mas que, no final das contas, favorece a constituição desse mundo; na verdade, se o produto fosse diferente, alguém teria indicado outro caminho cuja direção conduziria a um outro mundo. Em conseqüência disso, todos os formatos, os da Grande Narrativa e não só aqueles que decidimos, certamente necessários quanto à sua aplicação, se tornam contingentes quando se trata de seu início. Contingentes ao nascer, eles se tornam necessários. Assim como as obras-primas da arte.

Em seu conjunto, a Grande Narrativa obedece, então, às seguintes modalidades: raro e saturado de informação, com a duração, um acontecimento contingente converge para uma lei necessária, um formato sem informação; em seu desenvolvimento, os possíveis, que flutuam a seu redor, desaparecem, eliminados impiedosamente pela impossibilidade; por vezes, um dentre eles emerge, mais uma vez contingente, resiste aos impossíveis, surge e, por sua vez, torna-se necessário... Verdadeira no inerte, essa sucessão de ramos aplica-se também à revolução e à minha existência, assim como às produções culturais, científicas ou artísticas, em suma, à Grande Narrativa. Levando vantagem sobre a pré-formação e sob a influência do acontecimento-filho, a epigênese transforma a figura do formato-pai. Como pensar o saber? O que as ciências humanas

---

* Karl Ernst Ludwig Planck (1858-1947), físico teórico alemão, criador da Teoria Quântica, que, juntamente com a Teoria Geral da Relatividade de Albert Einstein, forma os fundamentos da física do século XX. Ele postulou o axioma de que o conhecimento da origem do universo esbarraria numa muralha, a Barreira de Plank, para além da qual nossas ciências físicas não são aplicáveis. Planck recebeu o Prêmio Nobel de Física em 1918. (N.Ts.)

denominavam história transforma-se em ciência, e o que as ciências duras denominavam ciência transforma-se em história. Sistema e Narrativa trocam entre si seus valores.

A paleoantropologia nos qualifica de filhos do Homem. Esse reenraizamento estende esse título universalmente a todas as culturas. A definição do homem não cessa de construir-se; trabalhamos continuamente para a hominização, para o nascimento de filhos mais humanos. Somos agora pais do Homem: até mesmo concretamente, dentro dos laboratórios. Matar o pai ou amá-lo, estamos diante de uma questão que pertence à epistemologia, à ciência cognitiva, à ética; ela diz respeito à seqüência da Grande Narrativa fabricada por nós. Mais uma vez, para o saber e para o real, ela se coloca da mesma forma nas ciências duras e humanas, nas artes e nas religiões.

Ciência-filha

Pai-filho: dedução, indução

*M*ais uma vez, um quadro: em *A Escola de Atenas,* visível nos apartamentos privados (*Stanze*) do Vaticano, Rafael pintou Platão, pai dos filósofos e dos cientistas, no topo dos degraus de um pórtico, gloriosamente de pé à direita de Aristóteles, com *O Timeu* nas mãos: nesse diálogo, o *Quattrocento* ainda decifrava os primórdios do mundo. Em contrapartida, mais tarde, o Renascimento dará as costas a um demiurgo que pré-formava o universo por meio de modelos matemáticos e, igualmente, perderá o interesse pelo primeiro motor da *Metafísica* de Aristóteles para render-se à experiência e submetê-la humildemente à decisão do real. Depois de tê-lo obedecido dessa maneira, será que esse mesmo real submeterá a experiência a seu controle, como prescreve Bacon? Não totalmente: a experiência falsificará apenas a teoria, dir-se-á mais tarde. Condicionada pela dedução, a ciência moderna deixa de lado a matemática dos gregos, comandada pela dedução, em favor de um método mais indutivo cujo sucesso não é garantido. Ao trocar o domínio pela submissão, ela apaga a imagem altiva do pai que Rafael pinta em toda sua glória.

Há algumas décadas, Alexandre Kojeve* teve a intuição de que, no Ocidente renascentista, o dogma da Encarnação tornara possível a invenção dessa ciência experimental voltada para o mundo tal como ele é e não mais deduzida de teorias abstratas. Ele afirmava que, de algum modo, a aliança entre a geometria e a experimentação realizada pela física matemática reconduzia a isso, ou seja, à aliança do divino e do humano, do outro mundo e deste mundo. Em sua opinião, a teologia cristã constituía a condição cultural dessa novidade cognitiva. Esse Renascimento esquece o pai e seu modelo dedutivo; por si só, a matemática não pode prever que fórmula será capaz de explicar esse fenômeno. Ao contrário disso, essa equação nasce da experiência. Kojeve tem razão: o novo saber promove a imagem do filho. Do alto do conhecimento grego, o pai deduz o mundo; o filho submete-se à sua realidade.

Descentramentos

Passada essa época, o que o mundo revela? Destituído, depois de Copérnico, de sua antiga situação real de centro, o

---

* Alexandre Kojeve (1902-1968). Filósofo neo-hegeliano, nascido em São Petersburgo e falecido em Bruxelas. Suas conferências sobre Hegel pronunciadas na então Escola de Altos Estudos de Paris, de 1933 a 1939, influenciaram de modo decisivo as idéias de Georges Bataille, Raymond Aron e Jacques Lacan. (N.Ts.)

planeta Terra torna-se marginal, um servo, um filho do Sol que, por sua vez, também deixará o trono central para se transformar numa estrela entre outras, filha de uma galáxia, ela própria irmã de uma pluralidade de outras galáxias, sobrinhas de poeiras, descendentes da luz. Desalojada do pólo, a Terra gira em torno de uma estrela que, em breve, se desloca do centro da Via-Láctea, que, por sua vez, se inscreve em um universo no qual todos os pontos finalmente se equivalem. Todos os centros deslocam-se do centro, todos os reis abandonam o trono: homogêneo e isotrópico, o universo não oferece nenhum lugar no qual o pai possa estabelecer-se e comandar os movimentos. Em quatro séculos, a astronomia e a astrofísica operam a mesma quantidade de descentramentos sucessivos que se desligam incessantemente da posição-pai. Determinista, segundo seu demônio paterno, o sistema planetário de Laplace torna-se instável em Poincaré e já oferece um vislumbre da imprevisibilidade do caos, cuja teoria enuncia que os sucessores, ou filhos, ao olharem para o passado, podem perfeitamente conhecer seu ancestral, mas que este não pode prever nem pré-formar sua sucessão. Detentor das forças e da razão, além de ser o primeiro motor, o pai reinava no centro do mundo; por meio da revolução ou do desejo, cada um sucessivamente procurava ou assumia esse posto polar, sustentava-o por algum tempo até deixá-lo ou até que ele, finalmente, desaparecesse. Doravante, não existe mais centro, nem mesmo um lugar notável no interior de um espaço universal sem situação privilegiada. O próprio *big-bang* não desfruta de nenhuma posição central: o nascimento do Universo ocorreu em todos esses pontos. Não há mais pai, nem mesmo o primeiro. O universo expande-se à imagem do filho.

A Escola de Atenas organizava ainda melhor o espaço do conhecimento em torno de dois centros que dominavam os degraus, Platão e Aristóteles, pais dos filósofos e cientistas. Ao redor dos dois pontos centrais de uma elipse, um momento transformou o mundo; espiritual e temporal, o poder exibe seu esplendor ao redor de dois tronos, papa e imperador, mídias e política. Diante do paralelismo dessas três imagens, o saber confunde-se com a dominação.

Não, o conhecimento não funciona como o poder, como faz crer a imagem do pai. A razão não gera sempre razão por toda parte. Embora necessária, ela não é suficiente. O mundo não provém dela e somente dela; o conhecimento provém dela, dos homens e do mundo. Quem acredita ser dono da razão irá perdê-la. Desejosos de uma apropriação como essa, cedemos ao desejo de dominação, a um darwinismo social generalizado no qual os machos dominantes, elefantes ou presidentes, procuram vencer e matar, e não conhecer. O cognitivo exige sempre rebaixar-se com humildade. O pai ordena, o filho conhece Adoro os filósofos acocorados nos degraus mais baixos.

CIÊNCIA-FILHA

Sábios-filhos

Não apenas Diógenes, cão, ou Pirro, cético... Gödel*
enuncia a incompletude dos sistemas formais; Heisenberg,** o
indeterminismo da mecânica quântica; a mecânica geral resulta no caos. Do núcleo central da mais rigorosa axiomática até
os aparelhos mais refinados da experimentação, a história de
nossa ciência acelera incessantemente o mesmo movimento de
contração quando existe qualquer posição de certeza e a coloca
em dúvida. Descoberta-filha: contingente, o universo evolui
contingentemente, funciona segundo leis contingentes e por
meio de constantes de valores contingentes. O mundo e nossa
ciência abandonam a necessidade. Não almejamos mais o
domínio total de tudo, nem de fato, nem de direito, nem por
dedução. Uma contingência semelhante opera na evolução dos
seres vivos; na evolução das espécies, o *sapiens sapiens* perde sua
situação de homem-fonte, de centro; eu diria de tronco, no
caso do ramo. O sujeito desse conhecimento-filha assume o
lugar do filho. Livro-filho, *Ramos* insere-se na contingência.

---

* Kurt Gödel (1906-1978). Lógico e matemático. Formulados em 1931, seus teoremas demonstram que qualquer sistema lógico contém afirmações que não podem ser provadas dentro das regras do próprio sistema como verdadeiras ou falsas. Suas proposições constituem uma mutação significativa na história da ciência e situam-se ao lado da Teoria da Relatividade e da mecânica quântica. (N.Ts.)

** Werner Heisenberg (1901-1976). Autor do Princípio da Incerteza, um dos fundadores da teoria quântica. Prêmio Nobel de 1932. Desenvolveu seus trabalhos com Niels Bohr (1885-1962), Prêmio Nobel de 1922, um dos fundadores da mecânica quântica. Tornaram-se conhecidos pela chamada "interpretação de Copenhagen", que redundaria na descoberta da fissão nuclear e do urânio 235, responsáveis pela fabricação da bomba atômica lançada pelos Estados Unidos em Hiroshima e Nagasaki, respectivamente em 6 e 9 de agosto de 1945. (N.Ts.)

Não apenas em Epicuro, Lucrécio e o *clinamen*... Vejam na Revolução Francesa, a glória de Carnot pai, mecanicista clássico, organizador da vitória, presidente do Comitê de Salvação Nacional, e a vida miserável de Carnot filho, inventor da termodinâmica, que morreu louco no hospital de Charenton. Um deles matou em nome de um passado mortal, enquanto o outro, ao sonhar com o novo, construiu o futuro. A história das ciências reproduz esse par canônico a seu bel-prazer. Descartes terminou seus dias na corte da rainha Cristina, Pascal defendeu Port-Royal, devastado por Luís XIV, um ancestral emperucado de Stalin. Depois de *O discurso do método,* um inventa uma geometria que não supera a grega, o outro descobre coisas novas nessa geometria e o caminho dos futuros algoritmos. Passado cartesiano, futuro pascaliano. Abel,* algebrista bem conceituado, teve suas descobertas perdidas por Cauchy que esqueceu de entregá-las à Academia; Gallois,** autor da álgebra moderna, morreu num duelo aos vinte anos; Mendel faleceu sozinho em seu monastério sem ser lido; Boltzmann*** foi induzido a

---

* Niels Henrik Abel (1802-1829). Matemático norueguês. Abel deixou sua obra-prima, um extenso tratado sobre certa classe de funções transcendentais, nas mãos do matemático francês Cauchy (1789-1857), que deveria entregá-lo à Academia de Ciências de Paris. Ocupado com seus próprios trabalhos, Cauchy jogou-o num canto qualquer e esqueceu-se dele. A tragédia foi que o trabalho de Abel, simplesmente a mais significativa descoberta na matemática moderna, permaneceu ignorado até 1830. (N.Ts.)
** Évariste Gallois (1811-1832). Matemático francês. Morreu aos vinte anos num duelo pela honra de uma mulher. Na véspera do duelo, pressentindo a morte, deixou um testamento matemático no qual registra sua teoria sobre as equações resolúveis por radicais e faz um resumo de seus últimos trabalhos em análise, depois pede a um amigo que o publique na *Revista Enciclopédica*. (N.Ts.)
*** Ludwig Eduard Boltzmann (1844-1906). Físico austríaco, famoso por suas contribuições no campo da mecânica e da termodinâmica estatísticas. Foi um dos mais importantes defensores da teoria atômica. (N.Ts.)

suicidar-se em Trieste; Semmelweis* foi condenado pela Europa científica por ter salvado a vida das parturientes; Wegener** foi ridicularizado por sua intuição a respeito da teoria das placas tectônicas... os sábios-filhos, cuja visão transcende seu tempo, multiplicam-se e encarnam a aventura do conhecimento, da intuição, da errância heróica, da invenção... Esmagado por Cuvier (1769-1882), Geoffroy Saint-Hilaire (1772-1844) e seu plano único de composição anatômica anunciam o *homeobox****; superado por Pasteur, Pouchet**** preparava a sopa pré-biótica... nos conflitos que opõem homens ou escolas, procurem com freqüência o vencido; inúmeros prêmios Nobel tiveram seus projetos recusados por comissões *ad hoc,* presididas por mandarins e mandarinas. Surge a verdade com passos furtivos, surge o ladrão silencioso na calada da noite. Nem a pomba da paz, nem o ladrão Hermes figuram entre os pais em *A Escola de Atenas.* A ciência viva nasce filha. Mas quem melhor do que ela respeita a lei?

---

* Ignaz Philipp Semmelweis (1818-1865). Obstetra húngaro conhecido por descobrir a prevenção da febre puerperal e introduzir a profilaxia anti-séptica na prática médica. (N.Ts.)

** Alfred Lothar Wegener (1880-1930). Astrônomo e meteorologista alemão que propôs a teoria das placas tectônicas e da deriva continental. (N.Ts.)

*** O *homeobox* é o segmento de uma seqüência de DNA encontrado em genes envolvidos na regulação do desenvolvimento morfogenético de animais. (N.Ts.)

**** Félix Archimède Pouchet (1800-1872). Biólogo francês que defendeu a teoria da geração espontânea. (N.Ts.).

Pai e Filho

Quantas idéias, tão certas que foram aceitas como dogmas, desapareceram do saber, e quantas, consideradas absurdas, fundamentaram racionalmente esse mesmo saber? Mesmo a idéia de Newton, uma das grandes conquistas da ciência moderna, no início pareceu uma loucura e com toda razão: como, sem magia alguma, os corpos podem atrair-se a distância? Quantas idéias irracionais, imaginárias e outros pontos infinitamente cíclicos surgiram até chegar à teoria das placas tectônicas e às grandes moléculas como as proteínas, nas quais ninguém acreditava; quantas intuições impossíveis surpreenderam a razão e tomaram seu lugar? Depois de ter recebido esse nome, por injúria e desprezo, o *big-bang* — o estúpido grande *boom*, afirmava Fred Hoyle (1915-2001) — tornou-se verdadeiro a partir do momento em que se descobriu a irradiação fóssil do universo. Quantos acreditaram nas intuições impossíveis da mecânica quântica em seus primórdios? A resposta de Bohr é conhecida: a verdade não se impõe por seu próprio conteúdo, mas sim porque a geração que a precede se aposenta. Eis uma excelente definição da ciência e de sua história: nela o pai está sempre se aposentando e o filho assume um posto indeterminado e temporário.

Racionalistas ou não, epistemólogos e filósofos assumiram e assumem posições a respeito do ateísmo, do criacionismo e do pré-formacionismo... ou seja, a respeito de Deus, o Pai. Poucos refletem sobre o Filho, exceto Pascal, às vezes, e bastante mal, pois coloca o Deus dos filósofos e cientistas em oposição ao Deus de Abraão, de Isaac e de Jacó; exceto Leibniz, como já vimos; exceto Nietzsche, que, depois do camelo e do leão, celebra a criança; exceto, sobretudo, São Paulo e, depois dele, Montaigne. Eu penso, diz o pai onisciente reivindicando o saber absoluto; o que sei eu?, hesita o filho. Nós sabemos, afirmam o racionalismo clássico, o logicismo, o formalismo e a própria hipercrítica... Por quanto tempo?, responde o historiador das ciências, assim como o fez Montaigne.

Possessão ou contrato?

Repito, o conselho de Bacon era obedecer à natureza para poder comandá-la; Descartes exagerava e recomendava que era preciso ser seu dono e senhor. Seguindo os avanços, as coisas efetivamente dependem cada vez mais de nós. Hoje em dia, compreendemos que jamais obteremos o domínio definitivo de tudo, visto que dependemos cada vez mais das próprias coisas que no passado dependiam e que, mais uma vez, dependem de nós. Diante dos antibióticos, ressurgem os micróbios resistentes à penicilina; pagamos nossos desperdícios de energia com a poluição da água e do ar. Nossos formatos contraem dívidas. Um domínio conquistado aqui coloca em questão uma nova obediência ali. O conjunto de nossas dominações determina as constrições que pesam sobre os nossos ombros. No limite de sua prática, o dominador assassino suicida-se; no final da epidemia, os micróbios morrem por falta de novas vítimas; os predadores também morrem por falta de presas. Devemos renunciar ao sonho do pai. A simbiose obrigatória conduz a um contrato natural. O pai dita a lei; o filho negocia as convenções. O saber assume a forma de um contrato.

A essas descobertas da ciência e da epistemologia justapõe-se a suavização dos direitos reais do *paterfamilias,* provenientes de recordações antropológicas. Será que desses novos contratos nascerá uma política? Sonhemos que uma república-filha acompanhará o conhecimento-filha.

Nascimento e novidade

O novo filho nasce, mas não reinará jamais. Não há ciência sem nascimento, sem novidade, sem uma perpétua invenção, sem uma renovação da paisagem... sem ramificações. Se uma noite o pai retornar de seu retiro de aposentado, não reconhecerá mais nada, pois tudo mudou. Se, com o intuito de se manter, quiser se aferrar ao dogma, ele arruína o futuro... ou, então, se adapta e torna-se filho: inteiramente novo e belo. Ele renasce.

Ulisses retorna a Ítaca: ao chegar ali, mata todo mundo, isso porque, na vida de Penélope, em torno de quem abundam pretendentes, tudo é novidade. O pai não suporta nem invenção nem mudança, muito menos ainda que a esposa, que ele havia traído tantas vezes, sinta prazer de se ver rodeada por tantos admiradores. Ele os transpassa com suas flechas. Ao matar, volta a ser o centro, o potentado, o reizinho de sua minúscula ilha... e aí, então, deixa de conhecer, de fazer descobertas, aposenta-se, ele, o antigo inventor das ilhas, o explorador de terras conhecidas e desconhecidas, o amante de Circe, de Náusica, o prisioneiro do pai-Cíclope, o comensal do rei-Alcino... Cada vez que naufragava, ele renascia. Vejam como ele é sábio: desembarca, encalha, acorda, ergue-se e, esgotado, renasce sobre a areia diante de uma nova paisagem, na qual encontra Náusica, que brincava de jogar bola com suas companheiras na praia e que o leva até seu pai-rei. Alcino oferece um banquete a Ulisses que, no papel de náufrago, estrangeiro, miserável e faminto, ou seja, na situação de filho adotivo narra, à mesa do pai, o conjunto de suas descobertas. Que eu saiba, Ulisses não mata o pai de Náusica. Ele honra sua mesa e sua filha.

Vinculado à guerra de Tróia, esse velho livro de imagens já narra a ligação mortal entre saber e poder. Espero que, entre nossas pulsões violentas, o conhecimento abandonará a posição de força assumida pelo pai que mata o melhor que sabe, aturdido por uma razão paralisada pela ideologia que influencia a convicção dos menos instruídos. Em parte, a paz pode advir de um saber em posição de filho, de uma cultura-filha, pacífica, que não matará sua mãe.

Mãe, viúva-negra

Na escola aprendíamos a reverenciar Andrômaca, viúva piedosa e fiel, mãe amorosa, devotada à memória de seu defunto marido, cuja imagem ela reencontra em seu filho Astianax, que, assim como ela, era refém dos conquistadores inimigos. Sua coragem explode num discurso alucinado no qual flamejam a queda de Tróia e os assassinatos daquela noite: que essa noite seja eterna, diz ela. Devo eu esquecê-la?, repete. Não, eu vivo na imortalidade da memória e recuso-me a aceitar o curso da história: não viverei mais, não amarei mais, consultarei a voz de meu esposo em seu túmulo e, quando falar com os outros, só me dirigirei a ele... enfim, logo depois de meu segundo casamento, eu me suicidarei... os mortos não exigem nada além da morte.

Uma tragédia teatral da lembrança a cujos atores Racine dá o nome de filho e filha: *Andrômaca* relata a infelicidade da segunda geração de Helena, Agamênon ou Aquiles. O que existe de mais aterrador para um menino do que ouvir sua mãe lhe dizer: quando abraço você Astianax, eu abraço Heitor, seu pai morto... do que obrigá-lo a carregar dentro de seu corpo o cadáver de um adulto? Aos filhos e filhas da guerra passada, a mãe-viúva só ensina a chorar ou ainda a morrer por causa da guerra, assim como morreram seus pais; não pela força das armas, mas pela doença mortal da lembrança.

No fim da peça, Andrômaca consegue a façanha de casar-se com seu inimigo e enviuvar novamente a fim de reinar soberana sobre os mortos e sobre a insanidade dos que viviam a seu redor, viúva de dois, duas vezes rainha, dos gregos e troianos, tenebrosa responsável pelos assassinatos. À sua imobilidade de aranha damos o nome de perseverança; indiferente a qualquer mudança, consideramos sua doença do tempo uma virtude, assim como a fidelidade, mas também como um conhecimento, a história. É preciso calcular seu preço, mortal: ao redor de Andrômaca, e por causa dela, os assassinatos trágicos, o desespero e o frenesi se multiplicam. Apenas ela sobreviverá e reinará, viúva-negra, genetriz abusiva, saturada do instinto de morte, aranha de hábitos repetitivos no centro da teia que, com seus velhos dentes, devora essa gente bela e vigorosa que só quer viver, amar e esperar o futuro. Suponhamos que, ao contrário, ela tivesse deixado os mortos enterrarem os mortos,

CIÊNCIA-FILHA

tivesse aceitado viver, seguido o curso vivo do presente, corrido em busca de novos amores, concebido um projeto... a vida, então, teria substituído o desespero. Os Antigos estavam certos: Mnemosine, a mãe-Memória, concebe as musas e, entre elas, a terrível musa da Tragédia.

Quem nega isso? Sem história voltaríamos a ser animais. Por isso, impõe-se sobre nós a obrigação de lembrar, um vínculo que nos liga à linguagem e, sem dúvida, à consciência, mas que nos impõe, sobretudo, o dever de fazer projetos. Mais difícil do que o primeiro, o segundo exige imaginação, discernimento, senso de atualidade, de antecipação, vontade de sobreviver para prosseguir no rumo estabelecido, entusiasmo e coragem... virtudes transcendentes em relação à repetição, que também se precipita em direção ao instinto de morte.

A história e a tradição nos dão razão e nos alimentam física e moralmente, é certo, mas só adquirem sentido a partir da releitura que um futuro sustentável faz delas. No leito do detalhe infinito da anamnese imóvel, perece-se menos por causa dos inimigos ou dos obstáculos do que pela falta de descendência ou produção. Sem um propósito firme, o passado perde-se no esquecimento; um coletivo sem determinação não sabe mais escrever sua história; sem invenção nem obras contemporâneas vivas, uma cultura agoniza. A memória cava nosso túmulo e, sobre essa fundação hermética, o projeto constrói nossa morada.

Natal e Ramos

O Filho nasce: filho-acontecimento, acontecimento-filho. Os ramos não cessam de surgir, os do ano, da estação, do tempo, os que se bifurcam da história inesperada, frágeis, delicados, agitados, tremulando com o vento. Todas as manhãs, em seu escritório, em seu laboratório... o filho conta para si mesmo uma história que desconhecia na véspera. Experimenta, tenta, arrisca-se, não repete, nem recopia. A partir da arborescência, ele se ocupa da folhagem, dos enxertos, dos brotos, dos pequenos ramos que crescem nas extremidades. Como acaba de renascer, ele observa as coisas que nascem. Natureza, *natura,* o que vai nascer. Todas as manhãs, em companhia de um novo parceiro, recém-nascido e inteiramente novo, ele assina o contrato natural. *Naturus,* aquele que vai nascer. *Deus sive naturus,* Deus ou o Messias que está para nascer.

O cientista se parece com Ulisses durante sua viagem, antes de retornar a Ítaca e converter-se em assassino — ele tenta escapar da viúva-negra —, ou assemelha-se a Cristóvão Colombo... um novo mundo se anuncia. O explorador deixa Ítaca, Veneza ou a Espanha, as docas, o porto, a capital e o palácio no qual os nobres, divididos em grupos de pressão, disputam para decidir sobre um assunto a respeito do qual nada sabem. Ao partir, abandona o palco social e político, as representações do poder, a droga irreal das relações parasitas. Todas as manhãs, nasce para a aventura do real, também em perpétua mudança. O Filho não nasce dentro de um palácio, mas sobre a palha de um estábulo; vai embora, deixa sua família, vagueia, um filho pródigo que, no entanto, ensina a rezar para o Pai... e quando regressa a Jerusalém, antes de morrer condenado, ele aparece entre os ramos, montado num burro.

Conhecimento

O conhecimento difere de tudo o que se diz a seu respeito. É aproximativo, inquieto, ignorante e ingênuo, obedece à experiência, caminha à margem do erro, sempre esperando ser provado, instável e paciente, impalpável e móvel, por vezes desorientado, exaltado quase até a loucura, resignado às intuições singulares sem jamais saborear a vitória. A descoberta autêntica encontra-se na vanguarda de seu tempo, a ponto de ninguém compreendê-la, como um ladrão que bruscamente irrompe na calada da noite. O público reserva sua capacidade de entender para os formatos que já compreendia antes, sempre por meio da repetição, raramente pela invenção. A glória consagra os pais repetidores. Nômade e viajante, o conhecimento — não o conhecimento verdadeiro, mas o verdadeiro conhecimento — deixa o poder em troca do saber, a sociedade pelo objeto, a glória pelo lampejo intuitivo, a vida curta pela longa duração, este mundo pelo outro, a política pela curiosidade; o conhecimento empreende três viagens.

Primeiramente uma volta pelo mundo; existe apenas um mundo, e, entre montanhas e oceanos, planícies e glaciares, desertos e litorais, gaivotas e baleias, mígalas e cangurus, algas e árvores, o conhecimento se perde, local e minucioso, incompleto e lacunar, tão longa e cuidadosamente como se tivesse percorrido mil países. Levante-se, pegue seu bastão e caminhe.

Deixe seu país, jogue fora suas sandálias, percorra o espaço e, se você se perder, saiba que ao longo das paisagens a beleza se expande. Teremos que falar da pluralidade dos mundos.

Em seguida, uma volta pela sociedade; existe apenas uma humanidade constituída de marinheiros e gente muito rica, de miseráveis e funcionários públicos, de lavradores e presidentes, de australianos e africanos da periferia, de aborígines e japoneses, de chineses e bolivianos... na qual o conhecimento se perde, local e amistoso, incompleto e lacunar, tão longa e atentivamente como se tivesse reencontrado seus semelhantes. Levante-se, deixe a cultura, a classe e a língua, tenha a coragem da alteridade, no âmago dos humanos existe bondade. Incorpore sua alma a múltiplos pertencimentos e, dessa forma, uma nova cultura não o amedrontará.

Finalmente, uma volta pelas ciências; só existe uma Grande Narrativa, temporalmente gigantesca, na qual, entre as ciências e sua história, álgebra e bioquímica, cosmologia e botânica, geografia e lógicas... geometria grega e química newtoniana, cálculo infinitesimal clássico e a dita matemática moderna... o conhecimento se perde, sempre local e minucioso, incompleto e lacunar, tão precisa e rigorosamente como se houvesse examinado mil saberes.

Se a esse conhecimento errante, filho, faltam, porém, completude e autoridade, ele encontra a alegria inigualável de conectar entre si, aqui, ali e acolá, os mapas das três viagens: esse glacial com o guia marroquino e a física do globo; aquela árvore da Austrália com o aborígine e a bioquímica; o rio Garone com meu pai marinheiro, ignorante da mecânica dos fluidos, com meu irmão quebrador de pedras que desconhece a cristalografia. O conhecimento segue o curso perigoso, estimulante, por vezes escarpado, dos picos da concordância.

Alegria quase religiosa de religar a ciência, os homens e o mundo. Oh, conhecimento, filho da alegria.

Errância ou êxodo

A *Odisséia* descreveu as viagens do pai-Ulisses, mestre das astúcias, que era rei antes da abominável guerra de Tróia e que, ao retornar, recuperou seu trono em meio aos cadáveres; o Êxodo narra a viagem de Moisés, Arão e Josué, guias, justos, pais do povo eleito, que venceram o Faraó e o Sol; na *Eneida* latina, além de tudo, Anquises esmaga com seu peso a coluna dorsal de Enéias.

Cometemos erros no conhecimento assim como na Telemaquia,* acompanhados por mentores circunstanciais que só têm razão durante algum tempo, mas que nunca deixamos de respeitar. Filho adotivo, Jesus vagueia pela Galiléia, Judéia e Samaria... como conhecer o endereço de sua casa, se ele viveu sem teto? Um outro viajante, São Paulo, estendeu ao ecúmeno sua errância, cujas circunstâncias ele mesmo descreve: dormiu sob as estrelas, ou de passagem na casa de alguém que lhe deu guarida, passou fome, sede, frio, enfrentou felinos e bandidos eventuais, sofreu fadigas e enfermidades... sob a contínua tortura de um aguilhão enfiado em sua carne. Em êxodo mais do

---

* A Telemaquia encontra-se nos cantos I a IV da *Odisséia* de Homero, nos quais Telêmaco, filho de Odisseu e Penélope, desenvolve suas ações. (N.Ts.)

que em método, nossa ciência não oferece nenhuma garantia: nem segurança estável, nem certeza definitiva, nem axiomática fechada, nem predição segura, nem um lar fixo. Ela freqüenta tendas ou tabernáculos, assim como o povo hebreu no deserto. Nosso conhecimento estende essa errância ao universo, munido da viagem arborescente de sua Grande Narrativa, seguida da extrema imprevisibilidade da aventura humana. Por meio de sua contingência global, de hesitações locais e temporárias, o conhecimento constrói sua fraqueza a partir de errâncias filiais que o conduzem à humildade; mais caminhos triunfais rumo à certeza real. O espaço universal do mundo e do conhecimento não dá acesso à ilha nem à Cidade Eterna, nem tampouco ao vale onde jorram o mel e o leite.

Metafísica e metanômica

Muito tempo depois que os pré-socráticos inventaram a física, os bibliotecários gregos, encarregados de classificar as obras de Aristóteles, passaram a chamar de metafísicos os livros que vieram depois daqueles em que o mestre havia escrito sua *Física*; era assim que eles indicavam o lugar desses livros na prateleira. Em seguida, os cientistas modernos tiveram a prudência e a generosidade de aceitar o fato de que existia uma metafísica, uma disciplina verdadeira que, como exceção ou complemento, ia além de seu saber, um conhecimento extraordinário do qual as línguas latinas conservaram o nome grego. Visto que ela se encarrega de questões não falsificáveis, essa metafísica assegura às ciências uma exatidão enunciada pelo critério de Popper. Por

CIÊNCIA-FILHA

que elas se tornaram falsificáveis? Porque tiveram a verdadeira humildade filial de deixar as questões ambíguas por conta de uma metafísica que, com isso, lhes assegura o teto protetor que outros qualificam de uma cômoda lata de lixo. Desde que a física adquiriu a condição de ciência-filha, aceitou uma espécie de ciência-mãe não falsificável como algo superior a ela; metafísico, o pai possui uma razão sem limites. A ciência só merece esse nome se, e somente se, não tiver razão sempre e por toda parte: em outras palavras, quando o cientista torna-se filho.

Para medir com exatidão o benefício de se ter uma metafísica como algo superior, basta comparar essa divisão de tarefas com o estado das ciências humanas. De maneira freqüentemente mentirosa, nós, que utilizamos o vocábulo das ciências para as disciplinas que estudam as culturas e coletividades, não tivemos a generosidade nem a prudência de aceitar a existência de fenômenos que excedem seus limites e pretensões. Por isso, não quisemos inventar um domínio supracultural que pudesse oferecer às ditas ciências uma extensão metanômica, disciplina que também se encarregou de suas próprias questões não falsificáveis. Nessa medida, porém, quase todo saber precisou ser transferido para essa nova extensão. No final das contas, as ciências autênticas tornam-se filhas; que os outros cientistas permaneçam como pais e não obtenham o saber.

A razão no sentido do reconhecimento — abordagem pela força e inspeção de um navio por outro, mais forte — emana do pai; a razão, no sentido do conhecimento, do filho. A partir do poder tudo morre: o império dos persas e de Roma... Isso acontece na história; na ordem da evolução: as espécies desaparecem, o animal humano sofre a tentação de dominar; felizmente, a decadência chegou para ele no dia abençoado em que obteve o conhecimento e pôde, então, conhecer a morte. Eis-nos condenados à humildade, tanto em momentos de conduta ativa quanto de contemplação. Sem essa doçura, a filosofia não vale uma hora sequer de aflição.

Aprender, inventar

Por termos aprendido, sabemos. A verdade e a informação encontravam-se ali no oceano da Internet, inseridas em uma tradição, por meio de um interlocutor ou de uma pessoa encontrada ao acaso... e nós as recebemos via educação, comunicação, rumores ou esforço próprio. Reunimo-nos, então, a um grupo de especialistas, participamos de uma comunidade ou mesmo de uma instituição, escola, sala de estudos, biblioteca ou banco de dados.

Adquirido dessa forma, o saber estende-se em três direções: em uma direção cognitiva, eu sei tal teorema. Em uma segunda direção, coletiva, faço parte do grupo daqueles que sabem e que, por vezes, se prevalecem disso. Em uma terceira direção, cuja dimensão denomino, de bom grado, pedregosa, uma vez que essa informação, que me transforma tão pouco quanto a pedra que tenho em minhas mãos, pode certamente transmitir, mas também esquecer ou rejeitar. Eu sei, mas não conheço. Posso ensinar esse teorema e, desse modo, ele pode difundir-se, mas considero esse saber tão objetivo quanto essa pedra, tão frio e morto quanto ela. Com efeito, na disciplina *ad hoc,* fala-se de uma informação-morte.

CIÊNCIA-FILHA

Bruscamente, por meio de um processo que não posso esclarecer, exceto se o comparar à digestão, que converte um pedaço de pão em elementos bioquímicos ativos em meu corpo, ou à gravidez, que transforma um ovócito em feto, faço meu esse teorema. Para isso, o tempo é indeterminado: é preciso uma fração de segundo, ou dezenas de anos. Quantas vezes, passadas duas ou três décadas, sinto violentamente, das coxas ao tórax, que essa digestão, que essa concepção terminam seu trabalho e que começo a vislumbrar a compreensão verdadeira de que o que eu fazia era apenas saber. Por isso, rápida ou lentamente, o teorema projeta em minha cabeça, diante de meus olhos, a percepção original de minha paisagem, de meu próprio sexo, de minha vida ativa. Caminho por seu espaço, coloco minhas mãos e pés por toda sua extensão, habito e acaricio suas formas; com isso, eu o reconstituo, eu o reinvento a partir de suas bases; esse objetivo converte-se em subjetivo. Deixei de sabê-lo, agora eu o sinto, vivo e conheço. Sobre essa pedra e também sobre outras, construí meus ossos, meu corpo e seu hábitat. A partir de então, posso generalizar o dito teorema, penetrar na geometria cujo modelo ele estabelece... mas, novamente, porém, revejo ou repito as estruturas já produzidas por outros que viveram antes de mim... e a digestão, a gestação e a incorporação recomeçam... até o momento em que habito essas estruturas como se fossem minha casa, nicho que eu redecoro, renovo a pintura, refaço os muros, cultivo os jardins, para o qual projeto novas plantas e tento reconstruir em tamanho maior... esse hábitat que, metaforicamente, descreve o próprio domicílio de minha vida física... carne e habitação que, simultaneamente, se tornam subjetivos e objetivos... essa é a hora de inventar; estou próximo de um parto, dessa externalização à qual, mais adiante, darei o nome de exodarwiniana.

Fulminante ou penosa, essa passagem do saber ao conhecimento e da aprendizagem à invenção é uma situação que qualquer um que dedique seu tempo e sua existência a um trabalho meditativo experimenta e vive. Essa experiência, que acabo de denominar digestiva ou fecundada, essa transformação de um objeto exterior em sujeito pessoal e carnal, essa incorporação, que nome dar a ela a não ser transubstanciação, no passado um milagre, experiência íntima, evidente e vital que transforma o pão e o vinho em corpo e sangue? Atesto que o trabalho cotidiano se reduziria a quase nada se, permanentemente e nesta mesma manhã, não houvesse a intervenção dessa mutação taumatúrgica do teorema-pedra em osso e músculo. Desde então, o conhecimento torna-se inesquecível, para mim, porque se trata de meu sangue e, para alguns outros, porque, posteriormente, ele pode objetivar-se e aparelhar-se do corpo como uma nova invenção.

Tão misteriosa que ninguém soube determinar seu método, a arte de inventar começa com esta metamorfose: o objetivo converte-se em subjetivo, o saber transforma-se em conhecimento, o pão transubstancia-se em corpo e, novamente, o corpo em pão. Uma vez que, logo em seguida, por meio dessa forma de exodarwinismo, esse mesmo corpo externaliza-se em um novo objeto: o subjetivo produz o objetivo e o coletivo. Dessa maneira, o grupo se reapropria das coisas que foram externalizadas. Prometo falar deste último processo em relação aos objetos técnicos.

CIÊNCIA-FILHA

O discernimento de consciência

Para denominar de outra forma esse conhecimento vivo, gostaria muito de incorporar poeticamente à minha língua o velho substantivo *escient* [discernimento], cujo emprego hoje em dia se reduz a algumas locuções comuns usadas irrefletidamente. Em sua origem, o ablativo absoluto do latim comum *meo sciente,* eu que tudo sei, já associava plenamente o sujeito do saber e o objeto. A expressão com discernimento e razão* descreve a maneira como, há muito tempo, meu corpo habita com seu objeto de pesquisa, vive por ele, com ele e nele, tão perto dele que, inseminado dentro de mim, esse pão torna-se meu corpo, desenvolve-se nele sem mim, depois, se eu invento, ele pode ser condenado pela pressão de seus pares, mas, amanhã, tem a possibilidade de vencer essa morte. O conhecimento implica a vida metamórfica e instável; a vida implica esse conhecimento criador e vitorioso da morte. Minada pela força inconsciente, como se costuma dizer, será que a consciência se liberaria dele por meio do discernimento ou conhecimento vivo, antes da invenção, última fibra de sobrevida quase sobrenatural? Sabemos pela experiência que o discernimento existe e podemos acreditar nele a partir de testemunhas dignas de fé que oferecem signos tangíveis de suas descobertas, ao contrário dos argumentos ocultos, hipotéticos e sombrios.

Em conclusão, esse discernimento cognitivo, objetivo e coletivo converte-se em algo subjetivo. A informação morta revive, ressuscita. Aparece a novidade no corpo cognitivo. Tudo

---

* No original: *À bon escient.* (N.Ts.)

se transforma: o mundo e eu; eu que vejo um mundo novo, e o mundo novo visto por mim. Só existe conhecimento a partir desse nascimento, dessa eclosão. Todo o resto resume-se a uma transferência de pedras, de bolso a bolso, a comunicações de informações sem novidade, a jogos vazios de soma nula e a trocas inertes cuja soma é a morte. O verdadeiro conhecimento transforma o corpo e a palavra de quem o recebe e, ao oferecê-lo, transforma-se e transforma o corpo dos outros por meio de sua invenção, ardente como uma língua de fogo lançada sobre suas cabeças.

Essa mutação cognitiva da morte para a vida — anúncio, nascimento, libertação da morte... —, uma antiga tradição denomina Anunciação, Natividade, Ressurreição ou Pentecostes. Além desse parto que se aproxima, sua experiência carnal reencontra esse querigma, sem outro mistério além da transformação sutil dos ossos e do mundo operada pelo Verbo. O pensador ganha sua vida na luta contra a informação morta, contra a frieza e a insensibilidade das coisas, de si próprio e dos outros. Ao lutar dessa maneira contra as pedras e os mortos e passar de tímidos fracassos a derrotas dolorosas, ele reencontra a imagem desse Filho, humilde modelo em carne e osso do fracasso superado: o Ressuscitado. A boa-nova e a arte de inventar celebram a dois a era do Filho.

Comunhão dos santos

Antes da invenção, o objetivo converte-se em subjetivo. Assim que ela aparece, o sujeito concebe um objeto que pode

CIÊNCIA-FILHA

ser reconhecido por um grupo numeroso. Tudo acontece como se, pelo fato de transitar, o conhecimento, até então carne subjetiva, se convertesse em objetivo e coletivo por meio da externalização. Passada a invenção, o grupo efetua novamente a mudança, e a carne converte-se novamente em pão. Incorporo o saber, a invenção faz com que ele se aparelhe a partir de meu corpo; em torno desse novo objeto materializa-se uma instituição. Momentos célebres nos quais a história do conhecimento concentra as forças sociais e produz maravilhas.

Sonho com os congressos organizados por Solvay* nos quais se construía a ciência do século XX, relatividade, mecânica quântica, teoria da informação... por uma transmissão brutal de invenções inteligentes e céleres entre os inventores. Sonho também com os primórdios da escola de Bourbaki, na qual Chicago se assemelhava a Nancy... e com o pós-guerra, quando os bioquímicos viajavam construindo o código genético a partir das trocas entre fagos... Certamente, só compreendemos aquilo que incorporamos e só inventamos se houver essa externalização. Quem pode garantir, porém, que esse verdadeiro conhecimento se converterá de fato em conhecimento verdadeiro; que esse corpo subjetivo, por sua vez, poderá corresponder fielmente ao corpo objetivo, a uma nova pedra que, em breve, seremos capazes de intercambiar entre nós, de preferência pela precedente, senão à associação daqueles que, juntos,

---

* Ernst Solvay (1938-1922). Químico belga responsável pela fabricação industrial do carbonato de sódio. A partir de 1911, organizou conselhos científicos internacionais que contavam com a participação dos mais afamados físicos e químicos da época. Integrante da Universidade Livre de Bruxelas, a Solvay Business School é hoje uma das mais famosas internacionalmente. (N.Ts.)

penetraram fisicamente nesse verdadeiro conhecimento? Fora do coletivo não existe verdade, pelo menos temporariamente; fora dessa igreja não há salvação.

Ao longo de minha vida profissional, surgiu incessantemente diante de meus olhos um divertido paralelo entre a história das ciências e a das igrejas: a mesma universalidade de uma linguagem simples e difícil no caso das matemáticas, fácil e complexa no caso das parábolas; a mesma fé contingente em uma realidade transcendente; as mesmas flutuações de uma sociedade fechada e quase morta submetida à opressão de cardeais ou mandarins sobre um coletivo espontâneo, alegre e doloroso, que acolhia a mística de santos emocionalmente perturbados e descobridores isolados; a mesma dinâmica tanto na invenção quanto na conversão; de um lado, as mesmas convicções dogmáticas, do outro, a mesma incompreensão da novidade, as mesmas bifurcações, por vezes denominadas mudanças de paradigma; os mesmos tribunais, mesmas fogueiras, mesmas condenações às heresias, já desaparecidas, mesmas recuperações póstumas e hagiográficas, o mesmo tipo de ensino que, durante gerações, propaga uma infinidade de cacoetes... debates, ódios e fervores semelhantes... O que acontece é que, apesar dessas miríades de imperfeições, nem mesmo o mais puro místico ou o inventor mais genial... pode isolar-se sob a pena de um idioleto paranóico. Fora dessas duas capelas não há salvação. Um retorno ao formato-pai.

Quem não sonha com uma comunidade que fale todas as línguas, que viva sob o ardor de invenções que surgem de todas as partes, de tal forma que gregos, levantinos, romanos, citas, judeus e gálatas... compreendam, cada um em sua língua, tudo o que se diz, uma vez que conhecem o real por intermédio do corpo? Ceia, festa do espírito, Pentecostes, ciências desse dia. Atualmente, quem é que, sem pretensão alguma, tem acesso às universalidades da língua, do objeto, da história e da comunidade... e a uma mundialização pacífica, exceto esse conhecimento? O feroz animal coletivo que por derrisão e desprezo Platão denominou Grande Animal e que, cheio de horror, Hobbes chamou de Leviatã... converte-se em comunhão de santos. Em contrapartida, esse animal produz inventores. Nos dias de hoje, saturados de razão... precisamos certamente de filhos, mas sobretudo de santos.

O tripé histórico e social do santo, do gênio e do herói está coxo e claudica. Estes dois últimos são içados às alturas, mas com grande dificuldade, enquanto o primeiro, anônimo, não procura nenhum nicho; o que se aloja ali é apenas sua caricatura. Os únicos grandes homens são os santos, que permanecem fora da lista dos grandes homens.

Seria essa uma visão ingênua, uma vez que a violência da guerra se dissemina por toda parte?

Fim da guerra na era do Filho

Um retorno ao pai, disse eu. Que fazer a respeito da fúria, da qual eu falava há pouco? Ouçam seu clamor: "Que morra!"... O velho Horácio oferece a vida de seu filho à pátria, pedindo aos filhos curiáceos que se livrem dele de modo adequado. Depois de pronunciada, essa palavra nada lhe custa e lhe proporciona a glória dos palcos. Quem, hoje em dia, sem se mostrar indigno, pode considerar sublime o clamor de alguém que exige o sacrifício de uma criança, uma execução ignóbil aconselhada pelo direito romano? Em meu ensaio *Hominescências* defino a guerra como um contrato realizado entre dois pais, a fim de que os filhos de um concordem em matar os filhos do outro: assassinato dos filhos. Que eu saiba, nem nossos presidentes nem nossos generais guerreiam, mas enviam seus filhos para o suplício. Os pais sacrificam seus filhos no altar do animal coletivo.

Como definir a guerra? Por uma tríplice limitação da violência: a primeira é a limitação histórica, quando um tempo quase cíclico desencadeia a guerra, criadora da instituição estatal com seu governo gerador da guerra. A segunda é a limitação jurídica, visto que, segundo o direito, a declaração anterior, o direito concomitante das pessoas e um armistício ou um tratado devidamente assinados no fim da página contêm os malefícios de uma vingança que poderia jamais chegar a termo. A terceira, e última, é uma limitação ritual, pois, ao entregar seus filhos à morte, os pais comportam-se como carrascos. Em contrapartida, a política, o direito e o rito limitavam a violência ao convertê-la em criadora dessas instituições arcaicas. Por intermédio do Estado, do direito e do sagrado, a guerra limita o número total de mortes que a violência em estado livre produziria, sem tréguas, até a erradicação eventual, ameaça passada e recente diante de nossos olhos cegos que, atualmente, porém, se mostram lúcidos diante desse horizonte possível.

"Que morra!"... quanto a mim, interpreto essas palavras como um remanescente da Antigüidade, restos amargos da era do Pai, sábio grego, legislador, patrício e *paterfamilias* latino...

A tragédia nos conduz a essa era bárbara, a era de Agamênon, que assassinou sua filha Ifigênia, e de Andrômaca, viúva-negra. Os pais governam, ditam as regras, sacrificam. Sem dúvida alguma, eles sacrificam a fim de ditar o direito e as leis. Não conseguimos escapar dessa era sacrificial, embora a era do Filho tenha sido anunciada há muito tempo: Abraão mantém o cutelo sobre a garganta de Isaac: Jesus Cristo morre na Cruz, mas ressuscita e, finalmente, senta-se à direita do Pai, ambos em paz. O cristianismo, religião do Filho, em princípio, teve que inaugurar essa era que, afinal, vejo chegar, pois o tempo e a história esgotaram a guerra, nosso velho instrumento jurídico, político e ritual de limitação da violência que se tornou inefi-caz, interminável, cara e contraproducente: mais sábia do que seus mentores, que permaneceram fundamentalistas, a opinião mundial — saudemos o recente nascimento desse sujeito uni-versal — vilipendia mais o vencedor do que o vencido, incluindo-o entre as vítimas. A idade da vítima ou a era do Filho. Vivemos atualmente a morte da guerra.

Explode, então, uma violência inevitável, sem limites, conhecida por ser alheia ao direito. Constrói-se, assim, uma outra barreira, nova, mais uma vez jurídica, conectada precisa-mente ao conhecimento: um desvio no caminho em direção ao objetivo. Atualmente, as leis do meio ambiente preocupam-se com as gerações futuras. Singular e inovador, esse respeito aos filhos regula o fim da guerra reenviando as limitações da vio-lência dos sujeitos para os objetos e dos coletivos para o mundo. O contrato natural, única garantia de paz? Mais adian-te, este livro renova os termos.

O filho adotivo

Judeu, grego e latino, São Paulo reunia em sua pessoa singular três dos antigos formatos que deram origem ao Ocidente. Fariseu piedoso, nascido em Tarso, numa família da diáspora, instruído em Jerusalém junto a Gamaliel, ele respeita a lei mosaica e sempre cita com sabedoria os salmos e profetas da Torá. Imaginamos que ele conheça a filosofia grega, pelo menos a de Fílon, pois é nessa língua que ele escreve, fala, por vezes menciona algum autor, e chega a afirmar que admira sua sabedoria e teme sua razão. Cidadão romano como seu pai, ele se vangloria dessa posição; conhece o direito, visto que, ao ser condenado, dirige uma apelação aos tribunais do Império. Ninguém descreveu melhor essa síntese do que Stanislas Breton (1912-2005).

São Paulo não simboliza apenas a mestiçagem cultural que existia ao redor do Mediterrâneo entre marinheiros, comerciantes portuários, ou alguns raros eruditos, durante a *pax romana*; ele personifica, sobretudo, o homem da época, moldado pela lei, o *logos* e a Administração; três formatos forjados nos momentos cruciais do monoteísmo hebraico, da razão helênica e do direito romano, oriundos, respectivamente, do rito no templo, da harmonia no *cosmo* e da cidade no Império. Esse tríplice pertencimento a uma sociedade organizada, a um mundo harmonioso e a um Deus todo-poderoso desenvolve condutas excelentes. Conseqüentemente, três visões grandiosas forjam o corpo, a vida e o pensamento de São Paulo: o projeto da eternidade no tempo da história; o *logos,* dimensão do mundo e língua falada tanto pelo saber rigoroso quanto nos oceanos e terras habitados; e a cidadania, propagada pela política imperial. Três regras, ritual, racional e jurídica, modelam o universo da Antigüidade: ao reunir três nomes perfeitos, elas definem a era de Saulo, nome usado por ele antes de converter-se. Quem não conheceu obras-primas humanas como essas, quem não as admirou, quem não temeu seu fundamentalismo?

Dessa maneira, triplamente formatado e com um novo nome, São Paulo emerge subitamente da trindade de seus pertencimentos, percorre a terra habitada e inventa o porvir. Ao fazê-lo, enfrenta três decepções: é perseguido por seus correligionários; os filósofos gregos reunidos no Areópago de Atenas caçoam de sua loquacidade; e Roma, sem dúvida, o julga e executa. Nele, e por meio dele, desdobra-se o ramo de tudo aquilo que as tradições indo-européia e semítica erigiram de melhor e mais durável; a boa-nova que ele anuncia nele se encarna; o ramo de uma nova criatura surge a partir dele. Com efeito, os antigos formatos acreditavam que ele pertencesse a três comunidades: o novo homem não se identifica com nenhuma delas e, com isso, cria uma original. Qual?

Pertencimento e identidade

Em obra anterior, eu escrevia: minha identidade não se reduz aos meus pertencimentos. Por isso, não se refiram a mim como um velho, um homem ou um escritor, incluam-me, de preferência, em algum subconjunto agrupado respectivamente por idade, sexo ou profissão. Ademais dessas implicações, quem sou eu? Eu. Todo o resto, incluindo o que a Administração Pública me obriga a escrever em minha carteira de identidade, designa os grupos aos quais pertenço. Se vocês confundem pertencimento com identidade, cometem um erro que pode ser lógico, grave ou benéfico; arriscam-se, porém, a perpetrar um equívoco criminoso, o racismo, que consiste precisamente em reduzir uma pessoa a um de seus coletivos. Eu ignorava e descobri num livro que essa distinção, tão importante que gosto sempre de citar, nós a devemos a São Paulo: em teoria, porque ele a enuncia, e em sua própria vida, porque a boanova anunciada por ele rompe com os antigos formatos, todos três conectados aos coletivos.

Nisto não há judeu nem grego; nem servo nem livre, não há macho nem fêmea (Gal., III, 28). Retirada de Joel, essa frase menciona apenas classes, sexos, línguas ou nações... em suma, as coletividades; ela significa que não há mais pertencimentos no sentido anterior e que esse desaparecimento cede lugar à identidade *eu = eu*: *Mas, pela graça de Deus, sou o que sou* (I, Cor., XV, 10). Resta a "nova criatura": *eu*, filho adotivo de Deus, pela fé em Jesus Cristo; *eu*, com a fé e sem a obra que não merece glórias; *eu*, vazio, pobre e nulo: universal.

O FILHO ADOTIVO

Quem sou eu? Eu sou *eu,* e nada mais. Deixando de lado a definição do pertencimento a subconjuntos ($\chi \varepsilon A$), o princípio de identidade enuncia-se aqui não de maneira formal, $a = a$, como em Aristóteles, mas de acordo com uma singularidade individual, cujo caráter insignificante, até mesmo desprezível, é, com freqüência, destacado por Paulo. Voltarei a falar mais adiante sobre esse vazio. Melhor ainda, esse princípio define essa singularidade não arbitrariamente, mas por um talento recebido graciosamente de Deus. Em sua misericórdia, a transcendência havia elegido um grupo; ela agora concede a identidade ao singular.

A primeira citação refere-se às comunidades gregas, hebraicas e latinas, às classes sociais e aos papéis sexuais; a segunda trata do episódio inicial ao qual o *eu* deve seu surgimento: a encarnação de Jesus Cristo, sua morte e ressurreição. Conseqüentemente, pela primeira vez, essas duas frases curtas distinguem os pertencimentos e a identidade. A identidade é extraída dos pertencimentos. Dos dois formatos desponta a Nova.

Com o pecado da carne, do qual só a fé nos liberta, São Paulo não designa apenas as necessidades e paixões do corpo, mas também sua inserção em um coletivo de cuja integração adoramos sentir o calor, suportar as leis e compartilhar a agressividade reativa. Suas Epístolas indicam com isso o que, no passado, eu denominava *libido* do pertencimento. Cometemos a maioria dos pecados da carne de acordo com um treinamento mimético, pela pressão dos pares e sob o entusiasmo cego da coesão nacional, tribal, familiar... em virtude do corporativismo ou da máfia. Quem tem a coragem do *eu*? *Nós* os cometemos com muito mais freqüência do que *eu* os cometo, visto que o pecado diz respeito ao *nós,* ou seja e, à lei, e não ao *eu* pessoal, que dele nos liberta. Quando São Paulo nos "liberta da Lei", ele, em princípio, livra nossa própria identidade desse laço coletivo.

Originalidade do eu

Será que esse *eu* existiu nas eras que precederam as Epístolas de São Paulo? Os cidadãos de Atenas, democratas, ou seja, empenhados em distinguir com cuidado sua equipe de elite dos servos, metecos, mulheres e outros bárbaros sem trabalho nem profissão, tratam dos negócios de sua cidade; praticam ritos específicos em seus sacrifícios à deusa epônima Atena; por vezes, guerreiam contra Esparta ou contra os persas: com isso, organizam, honram e defendem seu *nós*. Unânimes, todos condenam aqueles que observam objetivamente os astros, e também Sócrates que, subjetivamente, aconselha a conhecer a si mesmo. O coletivo exclui o objetivo. Quantos filósofos gregos repetem *eu*? Esses animais políticos — cito Aristóteles — excluem de bom grado tanto o objeto quanto o sujeito. Suas medidas, normas e formatos têm origem no pertencimento.

A partir da aliança, o povo eleito observa sua lei, que respeita e honra, ensina a seus filhos a história santa, luta contra os filisteus ou os samaritanos e, quando é preciso, expulsa os ἔθνη de seu templo. O *nós* estabelece-se por ocasião do contrato e da eleição de Deus, o único a enunciar o princípio de identidade: *Quem sou eu ou o que sou eu*. Desconheço se, na redação de seu direito imortal, Roma não tenha designado por intermédio de suas leis outras categorias além dos pais de família, senadores, tribunos da plebe... cidadãos... todos eles representantes de um grupo. Não havia mais pessoas em Roma do que na Grécia.

No início do século I de nossa era, a noção e as condutas de pertencimento tomam conta do Mediterrâneo. A cultura grega ensina uma dessas condutas, simultaneamente política e cósmica; a tradição de Israel transmite uma segunda, santa; a cultura de Roma ensina uma terceira, jurídica. A terra habitada inteira pratica mais uma dessas condutas, econômica e social, que separa os servos dos homens livres, que receberam esse nome por terem nascido assim; os machos dominantes alegam, enfim, que a natureza inscreve no corpo uma última conduta, a sexual. Que eu saiba, sem jamais mencionar um cristão ou o cristianismo, sem dúvida por receio de criar algum novo grupo de pressão, São Paulo anuncia o desaparecimento do homem antigo, que se refere tanto a seus grupos quanto a sua genealogia. Conseqüentemente, para ele, então, o abandono desses formatos implica o dos pertencimentos correspondentes. Ele renuncia, também, às leis que os formavam.

Hominização

Esse novo empreendimento universal de propagação de uma subjetividade que não se refere a uma cultura, sem conexão com uma língua, pelo menos desde o Pentecostes, sem ligação com qualquer genealogia, nem por obrigação contratual... não posso afirmar que São Paulo o domina totalmente, nem que ele não tenha tido algum predecessor, como Sócrates, Joel ou os estóicos, nem que, de imediato, ele o realize concreta-mente no social e histórico; declaro apenas que identifico em suas Epístolas a mais poderosa representação de seu projeto. Projeto tão primordial e a tão longo prazo, que seu gesto ultra-passa sua data e inscrição locais para participar do destino humano a partir de sua emergência; visto que, aqui, a chamada "nova criatura" se bifurca a partir do passado, assim como faz qualquer ramo da Grande Narrativa. De um lado, esse aconte-cimento participa do tempo evolutivo da hominização; de outro, sua inovação permanece sempre virgem há dois mil anos, sobretudo em nosso tempo, em que condutas e discursos sempre transcendem a *libido* arcaica do pertencimento, tão poderosa e tão cega que, correndo o risco de racismo, todo mundo refere-se a ela como identidade!

Por um cruel paradoxo, as Epístolas difundiram-se sob o nome de seus destinatários, de Éfeso, Filipos, Roma, Tessalô-nica ou Galácia... portanto, sob denominações de pertencimen-to, enquanto todas lhes suplicam que não dêem mais impor-tância a esse corpo social, político, sexual ou ritual, mas sim que existam como indivíduos. Citamos o autor sempre acompanhado de siglas abreviadas que ele nos implora para abandonar. Talvez suportemos mal o fato de ter que pensar em um ser humano globalizado, visto ser ele constituído de *egos*; sem dúvida, experimentamos duramente a paixão desse converter-se-em-homem, as dores do parto da hominização.

Pior ainda, muitos acusam São Paulo de anti-semita; porque não o acusar também de antigrego e de anti-romano e felicitá-lo por sua antifilosofia? Fariseu, helenófono e cidadão, São Paulo assume suas origens, freqüentemente com orgulho, e ressalta diversas vezes que continua a ser judeu e respeita a tradição. Ensina até mesmo a jamais matar o pai e, melhor ainda, a amá-lo. Deve-se acusar Einstein de anticientificismo por ter aperfeiçoado as leis de Newton? Ao abandoná-las, ele as assumiu; São Francisco, Lutero, Calvino e Lamennais... também, ao tentarem assumir o espírito do cristianismo, o reformaram. O ramo não mata o caule, mas nele se apóia, ainda que para dele se afastar. A imagem floral deste livro foi o próprio São Paulo quem inventou: *Não te glorifiques contra os ramos; e se contra eles te glorificares, não és tu que sustentas a raiz, mas a raiz a ti.* (Rom., XI, 16-18). Mesmo ao escrever na língua grega, introduzindo exortações de acordo com sua cidadania romana, ele pode continuar a ser uma coisa e outra, mas sob a condição, afirma ele, de não se vangloriar disso, o que, em sua linguagem, significa não se referir incessantemente a esses dois pertencimentos para definir-se a partir deles.

A *libido* de pertencimento conduz à maioria dos crimes da história; uma vez eliminada, pode a paz ser instaurada. Precisamos algum dia de outra mensagem que não seja essa, irenista e libertadora? Trata-se de inventar uma nova humanidade: a humanidade, simplesmente.

Acontecimento, advento

Os Atos dos Apóstolos e as Epístolas afirmam várias vezes que São Paulo se converteu durante o caminho para Damasco. Historiadores idôneos não apreciam nem a história do banho de Arquimedes, nem a da maçã de Newton. Entretanto, com freqüência, as narrativas explicam melhor as coisas do que os sistemas. Em meio à estrada poeirenta, a partir de uma vertical... a luz esboça um cruzamento imprevisível, uma intercessão repentina, invisível aos companheiros. A bifurcação transforma Saulo e o faz assumir três formatos.

Anterior a esse acontecimento, do qual vinte pintores, músicos e poetas celebram a recordação, encontramos o autêntico advento histórico, uma vez que o próprio Paulo é decididamente seu testemunho. Sentado sobre as vestes de seus cúmplices, Saulo assiste ao linchamento de Estêvão. As pedras voam, a vítima clama: *Vejo abrirem-se os céus*, e, dilacerado pelos golpes, morre. Não descrevo em detalhes esse espetáculo, tão fascinante aos olhos dos hominídeos que ainda somos e que se deleitam com o sangue derramado. Novo ou antigo, nenhum de nossos formatos conseguiu ainda apagar em nós esse ancestral. Com o distanciamento que lhe propicia a posição de observador, Saulo examina, de um lado, as conseqüências da lei, e, do outro, a construção do pertencimento em meio à violência coletiva. O que escreverá São Paulo em breve? Eu os libero da Lei, diz ele, ou seja, da Carne, ou seja, em parte, do pertencimento social; livrem-se da Lei, da Carne, ou seja, do Pecado, ou seja, da Morte... ressuscitem... Deixem esses textos inflamados, retornem ao que Saulo não irá mais considerar um acontecimento, mas sim um advento; olhem com seus grandes olhos abertos o ato sangrento que não descrevi. O que vêem vocês? Não apenas os perseguidores deleitando-se com a *libido* do pertencimento, mas, sobretudo, o verdadeiro início, sim, a cena primitiva de todo coletivo e de todo subjetivo. A violência organiza e integra o grupo; em meio a tudo isso, a paixão e a morte dão origem ao sujeito individual. Todos permanecem ao redor de Estêvão: ali está o *nós,* segundo uma lei cujas palavras efetivamente matam; quanto às pedras, elas ocultam o sujeito, *sub-jectus,* literalmente: jogado para baixo. O advento do *eu* sob o advento do *nós.*

Quando jovem, assisti a um linchamento semelhante, um ato de vingança do pós-guerra, do qual saí novamente bom.

As três contingências da consciência universal

Para construir esse sujeito individual, as Epístolas conferem um novo sentido a três termos: um verbo, um substantivo e um sujeito.

Credo não quer mais dizer acreditar, no sentido de opinião, de confiança ou de conjetura ($\pi\iota\sigma\tau\epsilon\upsilon\omega$, $\pi\iota\sigma\tau\iota\sigma$). Escrevi essas duas palavras em grego e em latim para precisar melhor que o verbo acreditar não as traduz. É este seu significado: suponhamos que o número *um* indique a verdade objetiva ou, do lado subjetivo, a certeza ou a convicção de que essa verdade pressupõe; e que, ao contrário, o número *zero* designe a falsidade objetiva ou a rejeição subjetiva de tal erro; doravante, crer em sua nova significação quer dizer, então, percorrer durante toda vida, hesitando e vibrando, o segmento que separa e une esses dois números. A fé joga sua sorte nessa oscilação contingente. *Porque caminhamos na fé e não na visão clara* (II, Cor., V, 7). Termo da antropologia e do direito romano, a palavra *fides* não significa mais a boa-fé ou a confiança contratual da palavra dada a uma pessoa ou recebida de outras, nem essa *bona fides* reverenciada pela religião latina, mas sim uma contingência na qual se mesclam a certeza e a dúvida, a convicção e sua negação, a luz e a sombra, o conhecimento e a ignorância; sim, essa loucura vibrante, desconhecida nas eras precedentes. Quem pode duvidar mais do que o Filho que, na hora da morte, reclama do Pai por seu abandono?

Ato irredutível a qualquer referência coletiva, como uma espécie de recompensa, a nova fé cria o *ego* que se converte em sujeito. Subentendida — como se ainda permanecesse sob as pedras —, a primeira palavra do *Credo (ego) credo,* define finalmente a subjetividade universal induzida por essa vibração e sua eterna oscilação. Quem sou eu? A contingência de minha fé. Alguém que ela irá justificar, fazer viver e salvar. Mais uma vez, quem sou eu? O próprio contrário da certeza; um temor que hesita entre ser e não-ser; em resumo, uma consciência. O abandono de qualquer pertencimento. Foi assim que nasceu, única, dual, múltipla, oscilante, projetada no tempo e na eternidade... a consciência moderna. Ela inverte a soberania do poder. Conseqüentemente, como escritor tímido e sem glória, São Paulo inventa, antes mesmo de Santo Agostinho, a autoconfissão, a confissão a respeito de sua vida, e, simultaneamente a um ou dois contemporâneos seus, cria o romance autobiográfico. Esse *eu* constitui sua existência por meio do que denominamos as três virtudes teologais: fé, esperança e caridade, que descrevem com precisão os três elementos contingentes que integram o novo Homem. A fé é a primeira a construí-lo.

A esperança o mobiliza. Ninguém melhor do que Charles Péguy (1873-1914) a compreendeu, ele a veste com os trajes da menina que, durante o passeio, corre entre as pernas dos adultos, indo incessantemente de um para outro, percorrendo

O FILHO ADOTIVO

assim vinte vezes o caminho. O projeto de vocês adultos é chegar lá; ela, porém, vai e vem, avança e recua, alegre, plena de energia juvenil, cega aos objetivos da errância desses adultos. Motriz, a esperança estimula e impulsiona. Para onde? Quem poderá dizer? Ela assegura, sem qualquer dúvida, o acesso a uma vida triunfante? Não, ela apenas promete isso, certamente antecipa, mas não assegura. *Porque aquele que lavra deve lavrar com esperança* (I, Cor., IX, 10): saberá, porém, se irá colher? A esperança é vibrante como a fé e, tanto quanto ela, duvida de que o paraíso exista; timidamente, tenta viver a eternidade agora. Ela esculpe, modela e alonga o tempo.

A fé e a esperança experimentam o tempo como se ele estivesse saturado de caminhos, acontecimentos e começos. Elas lançam o *eu* nesse tempo de adventos. Retiram-no de todos os formatos para fazê-lo voar rumo às novidades. Fé: sem qualquer certeza o *eu* estabelece-se na contingência. Esperança: o *eu* move-se sem certeza e vive sob tensão na contingência e da contingência. Conseqüentemente é a esperança que funda e forma a consciência moderna.

Para compreender essas duas primeiras fundadoras do sujeito, às quais demos o nome de virtudes, seria melhor passar do sentido ético e teológico dessa palavra ao sentido de operatrizes apropriadas à criação do sujeito radicalmente novo. Afinal, a caridade satura de amor as relações com os semelhantes. Ao inverter as ligações contratuais, políticas ou jurídicas dos antigos pertencimentos, esse laço total com os outros estabelece-se na incerteza unânime quanto à reciprocidade: não importa a forma de agradecimento que receba como resposta, agressões, cuspidas, insultos, pedras, indiferença, desprezo, inimizade ou

85

amenidades... a caridade sempre ama, *tudo sofre, tudo* crê, *tudo espera, tudo suporta* (I, Cor., XIII, 7). Como fenômeno totalizante, integra fé e esperança e, com menos certeza ainda, mergulha na contingência instável e perigosa própria aos relacionamentos. Aventureira e generosa — da mesma família que o gênero humano, a palavra generosidade repete o termo gentio, utilizado na expressão que define São Paulo como o Apostolo dos gentios, ou seja, dos estrangeiros —, essa integração permite ao novo *eu* relacionar-se com a universalidade dos homens, qualquer que seja a origem de seu pertencimento.

O novo *eu* se constrói a partir de uma tríplice contingência: fé e incerteza; esperança feliz cujo tempo é indeterminado; laços de Amor incondicionais. Três debilidades, três forças. Menos de dois milênios depois de São Paulo, Descartes tenta reconstruir o sujeito, ao tentar encontrar certezas. Duvido de que ele tenha tido êxito, uma vez que a contingência e a incerteza, em resumo, a própria dúvida, presidem seu nascimento e sua formação. Montaigne descreve ainda melhor sua extrema instabilidade. Fé, esperança e caridade descrevem a não-ontologia desse novo sujeito, sua não-instalação, sua não-certeza, seu não-ser, seu nada... o despertencimento da alma...

Credo e *cogito*

Não sei verdadeiramente o que estou dizendo quando repito: eu penso; mas desconheço totalmente o que estou dizendo, quando repito: eu sou. O *cogito* parte da incerteza para chegar ao obscuro.

Quando os primeiros cristãos disseram: eu creio, fossem eles servos, senadores, metecos, mulheres, judeus, gregos, marinheiros ou agricultores... descobriram que não pertenciam mais a esta ou àquela classe... mas existiam como indivíduos singulares, únicos diante de Deus e que, pela graça de Jesus Cristo, eram todos iguais. Ao passar assim de uma categoria à subjetividade universal, eles ressuscitavam. Inflamados de caridade, eles esperavam e acreditavam em quem os recriava. Eficaz, o *Credo* precede o *cogito* abstrato. O segundo é menos conclusivo que o primeiro.

Avaliação do eu

Somente a coragem separa o *eu sou* do *eu valho*. Com mais freqüência, entende-se o *eu não sei quem sou* como: não tenho valor para ninguém. Ao abandonar o isolamento da identidade pura, o *eu* insere-se na rede de relações de pertencimento. Por meio dessas relações, posso avaliar se a fortuna do outro é superior à minha; no meio da arena, a luta decide se a força de um é maior do que a do outro... sempre encontraremos, porém, em outra parte ou amanhã, uma terceira mais poderosa, mais rica, mais inteligente e bela... mais tarde, a fraude freqüentemente intervém na contagem, no pugilato, na decisão: um determinado prêmio é entregue a alguém que, quase sempre, foi eleito por um grupo de pressão mais do que por seu próprio valor. Determina-se isso por comparação.

Na rede flutuante dessas relações, onde encontrar a referência, a unidade: o ouro, o metro... referências objetivas de medida? Em resumo, existe um formato? Em nenhum lugar. Ao longo desses laços emaranhados, circulam apenas os comparativos e superlativos, sempre relativos. Como única forma da avaliação, a relação depende dessa relatividade; a medida depende da comparação, origem de todos os males do mundo. Todo valor se reduz a uma grandeza estabelecida. A escala desmantela-se. Valor, vapor. Lutamos por uma sombra.

É assim que se demonstra para o *eu* a ausência de formato. Como se costuma dizer, à semelhança da verdadeira orelha, a verdadeira medida diz e ouve: zero, o nada. Na expressão: eu sou, tanto o sujeito como o verbo não têm qualquer significado. Dizer: eu sou quem sou, *eu = eu,* é o mesmo que repetir ou expressar a relação nula. Eu não sou ninguém e não valho nada. A virtude da humildade, a primeira de fato a ser enunciada por essa verdade, origina-se do princípio de identidade, fundador de toda verdade formal. Dizer: eu sou grande, aí reside o erro que, posteriormente, dará origem a um vício. Satanás existe. Ontologia diabólica. Sinto em mim que a humildade é a primeira das virtudes, duplamente verdadeira. A fonte da ética encontra-se nos primeiros princípios da cognição.

Aquiles era mais corajoso do que dez guerreiros atrás das muralhas troianas, Ulisses era mais astucioso do que o Cíclope... e, que eu saiba, nenhum deles jamais conheceu ou praticou a solidão radical do *ego* singular. A obra *Ética a Nicômaco* começa por descrever a balança da razão: a Antiguidade compara. Quando, nas profundezas de uma gruta, o pastor Giges descobre sozinho o anel cuja pedra preciosa o faz invisível, ele se prevalece da situação e, sem que o rei possa vê-lo, aproveita para dormir com a rainha e apoderar-se da coroa; a partir de seu radical isolamento, ele sacrifica riqueza e hierarquia aos valores coletivos. Solitário, ele se lança imediatamente na relação social, que se apresenta tanto mais institucional quanto mais isolado ele se encontra, deixando uma identidade possível para engajar-se no pertencimento. Será que ao ficar rico e poderoso ele melhora? Platão constata exatamente o contrário: aquele para quem a sociedade não estabelece regras morais converte-se no pior dos canalhas sociais. Não seria melhor deixar de viver em coletividade?

Com o *Credo*, o *ego* nasce de uma indescritível transcendência, a do Pai, superlativo absoluto, a quem, em termos de supremacia, ninguém nem nada pode imaginar comparar-se. Dessa unidade de medida, só podemos constatar que alguém que se compara a ela é nada: a relação com o absoluto conduz aquele que se compara ao nada. Eu não posso ser o Pai. Só existo porque recebi essa graça. Aqui reside a novidade: o evento da filiação decorre do Pai. Concebido como eu, seu Filho assemelha-se a mim em contingência, imprevisibilidade e pobreza: nasceu sobre a palha, vagou como um sem-teto, foi condenado ao mais infame dos suplícios e, na escala de todos os valores coletivos, desceu quase ao zero. A encarnação concretiza a estimativa anterior: em carne e osso, o zero abstrato acompanha os pecadores do lago e morre entre dois ladrões. *Ego* igual a zero. Calculada quantitativamente de início, a não-ontologia passa para a existência real como verdadeira.

Retornemos às relações. Elas não servem mais para medir o valor que, definitivamente, continua nulo; São Paulo não pára de dizer que é um aborto, um detrito, um destroço; se glorifico a mim mesmo só posso fazê-lo no Senhor ressuscitado.

Deixando de lado toda comparação e, com isso, avaliação e competição, o relacionamento com o próximo liberta-se e vê afluir uma outra corrente: a caridade. Certamente, esta última pressupõe como condição necessária, mas não suficiente, a extinção da comparação e da escala pela qual se medem os valores. *A caridade é sofredora, é benigna, a caridade não é invejosa; a caridade não busca seus interesses... tudo sofre, tudo crê, tudo espera, tudo suporta* (I, Cor., XIII, 4-7). Seu caráter totalizante inclui tudo.

Quanto ao valor nulo residual, se Deus é infinito e me concede a graça, ela pode tornar-se infinita. Gratuitamente infinita. Em seu vazio, o zero é capaz de receber o infinito: eu não sou nada, mas posso vencer a morte. Doravante, como não tenho mais medo, a humildade estimula a coragem, ou seja, a ética em sua integralidade. Infinita, a ética se constrói a partir do zero. *Temos, porém, esse tesouro em vasos de barro, para que a excelência do poder seja de Deus e não de nós* (II, Cor., IV, 7). Feito do húmus seco da humildade, meu pote de terra, imanente e contingente, contém um valor sem escala, nem formato, oriundo da transcendência, que exige que eu tome conta desse tesouro.

Paulo, filho

Voltemos às relações. Quem dita essa lei perfeita, constituída de centenas de artigos, cuja regra formata os gestos e os minutos do dia? Quem enuncia essa verdade sem exceção, inerente ao pensamento, à conduta, ao universo, ao sistema global das coisas e dos homens? Quem decide qual é essa jurisdição sem justiça e essa política aplicadas desde a Cidade até as extremidades do mundo habitado? Quem pode, então, obrigar o justo, o verdadeiro e o poderoso, senão o justo, o verídico, o todo-poderoso: o profeta e Deus-Pai; o pai sábio e filósofo; o Imperador juiz e Pai. Paulo carrega sobre os ombros uma trindade universal de pais universais. Imediatamente antes de afirmar: eu sou quem sou, não é por acaso que Paulo se diz: *um aborto* (I, Cor., XV, 8); diz-se também: *filho adotivo* (Gal., IV, 5); não por figura de retórica, mas com toda a verdade. Isso porque, ao isentar-nos da lei, da sabedoria e do direito, ele abandona os pais correspondentes e deseja que nos livremos deles. Contingentes, a graça e a fé substituem a lei necessária; loucura e vulnerabilidade substituem a sabedoria e a força.

A partir de então, quem não parece gracioso e não-legal, louco e não-sábio, vulnerável e não-poderoso? O filho. Malnascido, depois de haver colaborado com o suplício de Estêvão; filho de pai fariseu e cidadão romano; renascido aos pés de Gamaliel; ele nasceu outra vez no meio do caminho para Damasco, quando viu o Filho. Abortado, adotado, filho pródigo e viajante que chegou até mesmo a vagar pelo mundo, ele abandona os poderes e a veracidade dos pais... sim, leio deslumbrado, pela primeira e uma das raríssimas vezes de nossa história, as Epístolas enunciarem o discurso de um filósofo-filho. Antes dele, no cenário universal, profetas, sábios, cientistas e jurisconsultos... desempenhavam o papel do pai; observem com que ardor Platão se dirige ao tirano da Sicília e Diderot à tsarina Catarina... mas, também, como, depois deles, todos os filósofos, cientistas, intelectuais e pessoas habituadas a ensinar... todos, sem demora, retomam de bom grado o lugar e a figura do pai, eventualmente depois de haver matado os seus próprios. Ter razão, tomar o poder, julgar; ou, ao contrário, criticar e destruir, que nada mais reste dos textos além de cinzas. Sempre o poder, jamais o saber. Sempre li a respeito de pais exemplares; desde a infância, fui formado por palavras que jamais se enganavam... razão e terror foram as únicas coisas que entendi.

Encontrei o aborto e o adotivo com reconhecimento. Eu me pareço com ele, pelo menos nos pontos mais fracos: o filho não tem sempre razão, não sabe tudo, procura, vacila, erra, engana-se, volta atrás, arrisca-se diante do erro, do equívoco, do chicote, da possibilidade de ser apedrejado, sob a tempestade e o naufrágio, sob a fome, a sede, a prisão, a solidão, ao descer pelos muros da prisão acomodado dentro de um cesto... vaso frágil de argila, comprimido de todos os lados, que nunca se rompeu; perseguido, abandonado, sem saber o que esperar, sem se desesperar; abatido, mas não aniquilado... São Paulo vive, pensa e age como filho pelo menos três vezes, com relação a seus três pais, diante dos quais acumula fracassos, perseguições, zombarias e tribunais. A fé do filho substitui a lei e a verdade do pai. A esperança do filho toma o lugar da certeza do pai, e a caridade do filho substitui a autoridade do pai. Longe de matá-lo, porém, ele o escuta e lhe roga: *Pois o Espírito que vocês receberam não os transforma em escravos para reconduzi-los ao temor. Faz de vocês filhos adotivos e permite que se dirijam a Deus chamando-o:* Abba, *Pai* (Rom., VIII, 15).

Vivemos, sofremos, pensamos, erramos, aprendemos e inventamos como filhos... chegamos à universalidade do *ego*-filho que até mesmo Descartes não conhecerá, pois ela se insere na fé, na esperança e no amor cujo caráter é sempre instável. O filósofo-filho habita a tenda da contingência, cujas bordas tremulam ao vento. Eu não compreendia por que vivíamos na era do filho, eu era incapaz de penetrar na teologia do filho... antes de encontrar, finalmente, uma filosofia que jamais conseguira compreender, precisamente porque seu autor não se apresentava como pai. *Paulos*, frágil. Pequeno: filho.

O filho adotivo

Não mais o filho de uma família, mas um filho adotivo. A genealogia perde a estabilidade: contente com seu papel de pai adotivo, São José não gera nenhum filho; Jesus invoca o Pai, o dele e o nosso, que está nos céus. Pai e Filho deixam seu lugar e seus laços, eu diria, até mesmo, sua rivalidade. Mal ouviremos falar a respeito da fraternidade de Tiago que, metafórica ou carnal, os historiadores eruditos ainda discutirão apaixonadamente; isso é o que realmente importa. No que diz respeito à mãe, fisicamente inevitável, mas que para o espanto de muitos permaneceu virgem depois do parto, essa inocência ofusca parcialmente sua maternidade. Depois de renovado, o cenário natural da fecundação converte-se no cenário da adoção, no qual a escolha de dileção substitui o laço de sangue (*Hominescências*, pp. 153-157). Para que uma filosofia, digamos filha, se materialize e pense é preciso repensar a genealogia. Essa cessação do laço de sangue por meio da adoção, uma disposição legalizada pelo direito romano, favorece a universalização para o gênero humano da promessa feita por Deus ao patriarca Abraão: para que todos participem da eleição, seria necessário que ela não se originasse apenas do seio de Sara.

Em contrapartida, retornar aos laços de sangue nos fez, recentemente, retroceder a enfermidades arcaicas. Isso porque, desde sua origem, o pensamento ocidental moderno conta seu tempo a partir dessa genealogia adotiva. Doravante, não nascemos mais nem da terra, nem da carne, mas da vontade livre e da dileção adotiva. Sobre esse conta-tempos fundam-se uma nova era, uma nova consciência e um outro modo cognitivo: a ciência. Durante o interminável processo de hominização, deixamos de definir o homem, nós o adotamos. Decididamente, nós o fabricamos.

O filho pródigo

Em um tempo distante, o filho havia abandonado o Pai. Talvez, o próprio Pai o tivesse expulsado do paraíso primevo porque ele e sua companheira haviam pecado. *Felix culpa,* culpa feliz: Eva libertou-nos de um paraíso formatado. Depois disso, ela e ele viajaram por mil países nos quais se falam outras línguas e praticam-se ritos bizarros. Entraram em contato com saberes admiráveis e mudaram de pele sob o influxo de horizontes implacáveis. Trabalharam com o suor do rosto, passaram por sofrimentos, partos dolorosos, adaptações e errâncias... Eles retornam.

Emocionados e transtornados pelo fato de reverem tudo sem nada reconhecer e de terem sido mais ou menos esquecidos, exceto pelo Pai onipresente, que envelheceu, mas continua atento e tão perturbado quanto eles. Alegria festiva, contentamento e reconciliação. Foram abolidos os antigos ódios, jamais mencionados antes. Ele condiciona e dá tanto significado à vida que o esquecimento é evidente. Quanto mais pecados, mais leis. Organizemos uma grande comemoração para festejar seu retorno. Isaac retorna ao seio de Abraão e ambos sacrificam um carneiro cujos chifres enroscam-se nos galhos de um arbusto vizinho. Sob a aparência do filho pródigo (Lucas, XV, 20 sgs.). Eva e Adão retornam à fazenda paradisíaca e ao Pai que perdoa e preside a festa.

Ecclesia

Uma festa familiar. Concebida no século I pelos primeiros cristãos, a Igreja não teria desejado generalizar para a universalidade do gênero humano a cidadania romana que, por ser histórica, já fora ampliada pelo direito e a política e recebido as relações de adoção e amor próprias a essa família adotiva, sob o olhar de Deus-Pai e de Cristo, seu Filho, nosso irmão? Judeus, mais latinos, mais gregos, mais bárbaros de todas as nações, todos os homens, todas as mulheres, crianças e servos, homens livres e metecos... *egos* novos são convidados, sem exclusão, a fazer parte do conjunto de todos os subconjuntos... e no qual entram livremente por serem nulos e sem propriedades... a propriedade sempre define um subconjunto particular, ou seja, um pertencimento... todos eles, volto a afirmar, independentemente da língua que falassem ou mesmo se todos falassem a mesma língua... integraram-se ao povo eleito, reunido sob o signo de sua promessa dentro da família e no amor de um Pai, unidos na cidadania romana, direito e cidade, ela mesma unida, finalmente, à cidadania do mundo, uma totalidade já exaltada pelos estóicos. Ouso dizer que, sob a flama da caridade, São Paulo liquefaz os formatos antigos para que um novo ramo deles possa brotar.

Esse conceito universal não será o prelúdio daquilo que doravante necessitamos para avançar rumo ao que, de forma arrogante e como se a tivéssemos inventado, denominamos mundialização? Nesse processo, o desaparecimento das propriedades elimina todas as *libidos* de pertencimento. Como, porém, instituir sem paixão aquilo por que todas as paixões lutam?

O poder da morte e a ressurreição

Será que ao regressar o filho tomará o lugar do pai? Sem dúvida alguma; em virtude da idade, das responsabilidades e de outras coisas, como o amor de uma mulher, a paternidade chega para ele; ele tem "filhos" de dileção adotiva em Corinto e em Filipos. Entre os gálatas e os romanos, seu amor paterno lhe inspira lágrimas sinceras quando, por sua vez, seus filhos vagueiam. Ele agora é pai. Deixa ele de ser filho por isso?

Não. Ele jamais tenta matar o pai. Nem Jesus, nem Paulo, ambos filhos, um em carne e sangue, o outro em teoria, ambos de certa maneira adotivos, não aconselham o parricídio, como fez Platão com Parmênides ou Édipo com Laio, ou como nós que acreditamos que esse ato esteja inscrito em alguma parte de nosso corpo. Cada um ensina a amar o pai, da mesma forma que ama seu filho. *Ele, Jesus Cristo, que possuía condição divina, em nenhum momento teve a pretensão de ser equiparado a Deus, mas despojou-se de si mesmo, assumindo a condição de servo, tornando-se igual aos homens. Assemelhado a um simples homem, humilhou-se a si próprio, tornando-se obediente até a morte, mesmo a morte na cruz. Por isso, foi supremamente exaltado por Deus* (Fil., II, 6-9). Ao se perdoarem um ao outro, filho e pai amam-se mutuamente; sentados eternamente um à direita do outro, eles se honram e se glorificam reciprocamente. Paulo sai de um formato segundo o qual, para se tornar pai, é preciso matar seu próprio pai e, em seguida, comportar-se como ele. Antes de ler suas Epístolas, eu não compreendia cognitivamente como pensa um filósofo-filho, nem o que significa a religião do Filho; o Ocidente inteiro descende dele e identifica-se com ele.

Submetido aos formatos da razão, o mestre repete. Disciplinados com base na dialética, como se fossem bonecos mecânicos, mestre e servo, em luta aparente, obedecem, na realidade, à soberania da morte, cada um deles conduzindo-se como seu escravo. O mestre comanda apenas por meio da morte e somente dominará pelo terror inspirado por ela. São Paulo deparou-se com a morte imposta pela lei, fez com que ela se dissipasse, optou pela vida e, por isso, jamais desejou ser um mestre. Assim como seu divino modelo, ele padece com a morte, mas não a impõe a ninguém. Se existe um Senhor, ele agora é um filho; como eu, como você, como todos. Se existe um pai, ele está ausente daqui. Na transcendência e na eternidade. O mundo real conhece apenas os filhos. Ao renunciarem ao reino, à lei, ao formato e à necessidade... é assim que eles renunciam à morte. Conseqüentemente, eles ressuscitam. Como se transformar em filho? Suprimindo a lei da morte. Ressurreição, fim do reinado da morte. A prova: a Torá e o profetismo bíblico, o *logos* grego, a ciência e o direito romano, enfim, subsistem e não morrem, assim como todo o resto da Antigüidade. Paulo reconstrói os formatos, mas não os destrói.

Os Atos dos Apóstolos revelam que Paulo salvou-se de Damasco ao descer pelas muralhas dentro de um cesto de vime; que fugiu são e salvo de muitas cidades da Ásia ou da Europa, foi condenado, por vezes apedrejado, freqüentemente chicoteado, excluído e expulso; que um tremor de terra o libertou da prisão em que se encontrava; que desembarcou em Malta depois de ter sobrevivido a uma tempestade e um naufrágio... essas são todas narrativas nas quais o Apóstolo dos Gentios escapa da morte. Dessa forma, o romance de sua vida descreve, em atos e modelos reduzidos, tudo aquilo que ele professa em palavras: a Ressurreição. A vida dele e a nossa são um combate contra a morte. Sua fé afirma que essa luta foi um êxito. *Onde está, ó morte, tua vitória, onde está o teu aguilhão?* (I, Cor., XIII, 55). A narrativa dos Atos dos Apóstolos é interrompida sem qualquer aviso para evitar anunciar seu martírio e seu desaparecimento sem retorno? Acredito que sim. Essa ausência de final combina muito bem com os repetidos anúncios de começos sempre novos para que os Atos dos Apóstolos e Paulo não cheguem ao fim.

Objeto morto

Nós também não. Uma vez que nos tornamos os homens que somos lentamente, a partir do momento em que, lançada diante de nós, a morte transformou-se em nosso único objeto. Neandertal ou *sapiens,* enterramos nossos ancestrais em locais onde o túmulo serviu de alicerce para a casa, e a necrópole para a metrópole; não existe hábitat sem penates... Definamos temporariamente o homem como um sujeito que lança o objeto-morte diante de si.

Em meu ensaio *Estátuas,* longe de fugir da morte, nós a esculpimos. Condenados, assassinos proscritos, fascinados por ela, convertemos a morte em espetáculo e narrativa; ela não cessa de freqüentar nossas representações; talvez não exista representação a não ser a dela. Como sacerdotes, presidimos as cerimônias fúnebres; como guerreiros, conquistadores ou defensores, nós matamos; como agricultores, enterramos a semente; como pastores, criamos carneiros para depois sacrificá-los. Preces, conflitos, nutrição, nossas práticas engendram a morte. Nossos saberes também: teriam eles existido sem que tivéssemos diante de nós, cativo em nossas mãos, um objeto imobilizado, o esqueleto de um esboço, um conceito fantasmático... sem que transmitíssemos sua sombra de geração em geração? Os cadáveres nos perseguem de tal maneira que, a todo instante, assombram as telas de televisão no interior da caverna de nossos quartos de dormir.

Objeto: morte, túmulo, estátua, idéia, fantasma.

Sujeito renascente

Sujeito: ele se divide em mortal, prostrado ao chão como Estêvão, e imortal ressuscitado. A morte congela nossos formatos, esquematiza-os, decanta-os... a imortalidade projeta nossos ramos. Vivemos sob o império da necessidade mortal. Como indivíduos, culturas e humanidade, não conhecemos qualquer exceção a essa regra. Sabemos desde sempre que todo homem é mortal. Eu morrerei. Quem sou eu? Esse proscrito submetido à lei. Condenado, espero apenas a graça. Nós nos sentimos e nos experimentamos como seres eternos. Sobrevivemos como duplos; estrangulados pela morte, tentamos respirar e nos livrar de suas garras, sem nunca desistir de querer dominá-la. No início, pelo menos, tentamos desafiá-la com bravura impetuosa, audácia insolente, risos, heroísmo e abnegação. Só temos a ela como objeto, como emoção e inquietude, como inimiga, parceira e adversária, nós nos impomos a imortalidade como meta.

Toda invenção humana foi sempre movida pela obstinação desse projeto. Toda força moral do coração, toda colheita, toda caça, deslocamento, relacionamento, de amor ou de guerra, celebração, poema, teorema... são empreendimentos realizados com o objetivo de sobreviver, pessoalmente ou em grupo; qualquer estrutura que construímos, montículo de pedras, dólmen, choupana, muro, cidade e porto, cemitério... tudo isso permanecerá como marca depois de nós, pois, ao nosso redor, nada resta dos humanos além desses vestígios, manuscrito ou grafite. Dentro do túmulo, o cadáver; sobre a estela, o imortal. Qualquer nome gravado sobre eles pressupõe ou projeta a imortalidade. Tudo passa, mas aquilo que transmite tradição, lembrança ou saber, prática ou teoria... computamos como um elemento dessa vitória. Programados, plantas e animais dão-se por vencidos, nós não. Eles obedecem, nós nos rebelamos. Mesmo parcial, esse triunfo colabora com a adoção do homem, com sua contínua fabricação. Todo exercício de memória só se sustenta por um projeto de imortalidade.

Quem sou eu? O sujeito sob as pedras e o projeto de ressurreição, diante do objeto, estátua morta e vestígio de imortalidade. Cinzas e obras; agonia e renascimento; obediência e revolta; orgulho ignóbil e nobre humildade; *requiem* e esperança...: um ramo cujo tronco, logo inerte, mantém sua ramagem sempre verde. A autoconsciência se tece de uma trama letal e de um entrelaçamento mortal, de uma velhice implacável substituída por uma juventude sempre virgem; acaso e necessidade, memória e lembrança, saber e ignorância. Meu próprio saber divide-se entre formato e invenção.

Quem sou eu? Essa bifurcação. O ponto de intercessão na estrutura interna do escudo, figura cruzada em quiasma. Esgotado, infatigável. Repelido, perdido de amor. Inconsciente, ruidoso. Terra e ar, rastejante, voador. Água e fogo, geada incandescente. Entusiasta-indiferente. Atleta e aborto, vivo, cheio de recursos. Gravidade e graça. Teimoso, cabeça-de-vento. Carnal-inerte-adormecido e carnal-nascente-desperto. Deitado, de pé; miserável e experimentador. Emoção e abstração. Eu mesmo e sempre outro. Mestiço, completamente canhoto, Terceiro-Instruído. Hermafrodita. Anjo e besta. Estátua e música. No final das contas, choro de alegria.

Este é o escudo de nossas práticas e de nossos saberes: regidos pela necessidade, definidos pelas impossibilidades; inquietos devido à contingência, atirados aos possíveis abertos, ramificados no quadrado modal: do meio da primeira diagonal, que reúne os dois lados do necessário e do impossível, desponta a outra metade que segue rumo ao ponto no qual os dois lados do possível e do contingente se encontram. Eles não podem ser separados nem no sujeito, nem em suas ações, práticas ou teóricas, nem em seus formatos e invenções.

Projeto de imortalidade

Prossigamos. Só temos um projeto, um futuro, uma esperança: a vitória inventiva contra a morte necessária e formatada. O projeto da filosofia é vencer esse combate. Sonhamos com isso desde nossa origem, desde que aprendemos a gerar crianças, a dançar, cantar, falar, acender o fogo e preparar a comida, a domesticar as espécies que se reproduzem, preparar os queijos e doces, entrecruzar as armações metálicas sobre as fundações, compor música, escrever, calcular e medir. Gilgamesh ergue-se para desafiar seu destino; como espectros reluzentes de glória, Ulisses e Orfeu cruzam o rio do Esquecimento dos infernos helênicos no sentido oposto; rumo à eternidade das formas, Tales abstrai a geometria a partir das tumbas egípcias; Jesus Cristo ressuscita e retorna ao nosso convívio... Toda nossa história passada, sonhos, crenças, gestos, ações, fé, esperança e saberes... atuam nesse sentido. Pela transmissão, pela técnica e pelas ciências... guiados pelas religiões... já conseguimos derrubar alguns bastiões avançados do alto de suas fortificações. Perdemos milênios antes de ler nos textos, relidos e venerados mil vezes, o "Não matarás" em seu sentido óbvio, concreto e misericordioso. Estimulados pelas evidências, alguns de nós desejam abolir essa pena, diante dos tribunais, na vida cotidiana e, lentamente, nos relacionamentos entre os grupos, nos quais a *libido* do pertencimento causa tantos danos quanto entre os ratos; tentem extinguir as armas nucleares; procurem pacificar a guerra entre pais. Ao chegarem à idade adulta, os filhos perdoam o pai e, por um tipo inovador de compensação, não desejam mais matar seus filhos. Quem sou eu, então? Filho e pai seguindo a ramificação da reconciliação. Uma nova vitória sobre essa última morte.

Nossa espécie se tornou, se torna e se tornará o que é a fim de dominar o tempo, muito mais do que o espaço e as coisas. Isso tanto nas técnicas concretas quanto no desenrolar da Grande Narrativa. Na última extremidade dessa longa corrida, aqui e agora, abre-se novamente o cruzamento entre a morte e a imortalidade. De um lado, nossas próprias obras, com riscos globais, duplicados pela concorrência e comparação, pela riqueza e miséria... Do outro, e de novo, a retomada das coisas e a novidade que São Paulo denominava Ressurreição. Assim como ele, procuro uma ruptura sem morte.

Mesmo que essa morte da morte, que Oséias já profetizara (XIII, 14), chegue na calada da noite como uma ladra, meu ouvido, mais sensível do que ela, ouve sua chegada com grande alarde... Isso acontecerá no dia em que compreendermos que não existe morte que não seja organizada, desejada, decidida e festejada, de formatos repetidos como os dos últimos sobressaltos fundamentalistas que se matam entre si... nesse dia brilhará, em seu verdadeiro sentido e por meio de nossas obras, o que denominamos esperança de viver...

No amanhã desse dia, deveremos aprender como habitar o novo mundo que nossas obras e este livro projetam.

Charles Péguy, Brunetière, *outono de 1906*

Quando, numa árvore, geralmente num vegetal, arbusto ou arborescente, por uma razão qualquer, geada, neve, ventania, traumatismo ou estiagem, um broto aborta, algo deixa de eclodir ou, uma copa — secundária — ou uma copa — principal — murcham, a natureza arborescente não insiste em extrair vida da morte, nem seiva, suco, riqueza, abundância ou exuberância, da estiagem e da esterilidade — nem da pobreza —, nem da pobreza e da miséria, ou, como diziam os antigos, não tenta retirar o úmido do seco; mas abandona a copa agonizante a seu destino de esterilidade; ela faz uma subsunção, uma intussuscepção, uma absunção, uma retomada; ela retoma mais profundamente; um novo broto nasce em cima do anterior, com freqüência bem mais acima, tão mais acima que precisa usar o primeiro para alcançar as fontes de seiva ainda vivas; um novo broto, mais abaixo, um novo broto perfura surdamente a dura casca, um broto que veio do fundo, do profundo, do interior durável da árvore, como se fosse um emissário secreto.

As ninfas que viviam sob a dura casca,

um novo ramo nasce na axila do galho abandonado, uma nova copa desponta.

Assim e somente assim as árvores se recuperam e continuam.

A copa que irá secar talvez ainda esteja frondosa, orgulhosa de suas folhas como de um penacho. Ela não deixa, por isso, de estar menos marcada. Se estiver marcada, mesmo que permaneça atenta, não deixa de estar menos condenada. Ela, porém, ainda está repleta de folhas. Essas folhas, contudo, secarão. Comparado com ela, esse pobre e pequeno broto, essa pontinha de nariz vermelha, que perfura a dura casca lá do fundo, parece algo insignificante. Foi ele, no entanto, que, nesse processo, se converteu no representante, no único representante do grande Pan. Dele virá a salvação, a sobrevivência e o renascimento.

É precisamente por razões da mesma ordem que quando se planta uma muda é aconselhável livrar-se dessa profusão de folhas, dessa enorme folhagem que parece responsável pelo aspecto luxuriante e a força da planta, que, sem dúvida, foi responsável pelo aspecto luxuriante e a força da antiga planta, mas que no caso da nova não lhe dará força e só fará com que ela seque, visto que uma muda é uma substituição artificial da copa. É preciso, ao contrário, cortar tudo fora e conceder a palavra aos pequenos brotos, já totalmente preparados e, mais ainda: aos brotos eventuais e anônimos que irão surgir.

Vemos, então, quais conseqüências resultariam dessas observações — algum dia, talvez, nós as examinaremos —, na ordem moral, social, do trabalho, do rendimento, da apropriação, de toda cultura e da humanidade em geral.

O que é abandonado é abandonado. Não volta mais. Não se fala mais nisso. Passemos para outro assunto.

Uma copa abandonada permanece abandonada. Eternamente. Sem pesar, nenhum remorso, nem piedade. A natureza ignora completamente qualquer espécie de consideração dessa ordem.

Um procedimento desse tipo, que se vê por toda parte nos mínimos detalhes, é verdadeiramente o procedimento da nature-

za: por exemplo — e para nos restringirmos a esse caso em especial — ele se verifica particularmente — na arte, na literatura e na filosofia — na formação, nascimento, crescimento, desenvolvimento, maturidade, decadência e modo de sucessão do que se denomina gêneros. Longe de afirmar que os gêneros evoluem, como já foi feito por uma aplicação prematura, elementar, brutal e, talvez, imperfeita, de uma metafísica moderna pretensamente naturalista — ela mesma imposta por uma hipótese naturalista natural modesta incapaz de contê-la — enquanto for preciso falar de uma evolução de gêneros, *os gêneros, assim como todas as humanidades, arborizam e, por isso, só se deve falar de uma única arborescência: os* gêneros. *Quando um gênero se completou, assim como uma humanidade, quando ele já se esgotou, foi concluído, nenhuma evolução, transformação, deformação ou reforma poderá extrair mais nada dele. Nenhum milagre — porque isso ainda seria um milagre, um verdadeiro milagre, o eterno e vergonhoso milagre moderno —, nenhum milagre irá extrair mais nada dele. O lugar pertence a outro, o velho lugar ao sol. Um outro sairá, nascerá, crescerá, um outro viverá, um broto de gênero, uma germinação de gênero que começará pequeno ou despontará de uma eclosão, um recém-nascido que, audaciosamente e sem rodeios, determinará seu caminho, sua verdade, sua vida. A natureza arborescente não é a arte de acomodar os restos. O novo galho, a nova copa, o novo gênero não são o antigo galho, a velha copa, o velho gênero malaxado, filtrado, triturado, manipulado. Refeito, retomado, corrigido, revisto, aumentado, diminuído. Não, ele é novo. Ele é simplesmente um novo gênero. Trata-se de algo novo.*

Não há mais, não há nele os antigos elementos deturpados do velho gênero. Os homens que produzem essas deturpações são muito fortes, excessivamente inteligentes, astuciosos e muito talentosos. A genialidade não procede assim. O gênio não se utiliza dessas artimanhas.

Ele não atua por meio de homogeneizações, decantações, triturações e detritos, nem por macerações e conservas.

O gênio age de uma forma muito mais simples. Ou, melhor, ele atua de um jeito absolutamente simples. Ele procede com simplicidade absoluta, total, infinita. Nunca por meio de transmutações, subterfúgios e resíduos — e pela compra e venda das sobras do serviço de víveres —, mas por constantes restaurações, reabilitações, reinvenções, reintuições e retornos às origens. Como o gênio pertence à ordem da natureza, o trabalho do gênio faz parte da ordem do trabalho da natureza, toda elaboração feita por ele é uma elaboração natural, toda invenção, toda renovação do gênio efetiva-se por meio dessa arborescência que acabamos de reconhecer...

Em *Œuvres en prose complètes*, Gallimard, 1988, t. II, pp. 583-585, "Bibliothèque de la Pléiade".

Narrativa

Acontecimento

*A*gressivas e pacíficas, há muitas gerações, algumas tribos anônimas cultivavam a planície agreste ao norte do estreito dos Dardanelos e do mar de Mármara. Subitamente, o represamento do Bósforo cedeu. Ninguém tinha noção de que aquela massa que acabara de se romper servia de barragem. Com isso, torrentes de água salgada e doce provenientes do Mediterrâneo desabaram como cataratas sobre esse país baixo, inundando em seu caminho plantações e cidades, matando simultaneamente homens e animais. Em menos de "quarenta dias e quarenta noites" formou-se um pequeno lago de dimensões semelhantes às do mar Negro. Esse acontecimento ocorreu em épocas de degelo, doravante datadas, quando as populações locais, que viviam nos recônditos do Pas-de-Calais, assistiram, igualmente impotentes, a uma terrível invasão das águas. Certos geólogos ou pré-historiadores imaginam que a Bíblia relatou esse acontecimento do leste europeu com o nome e a história de Noé. No decorrer das semanas que precederam esse acontecimento, um homem sábio e prudente realmente pôde ouvir o ruído das rachaduras na barreira superior e persuadiu sua família e seus amigos a protegerem-se da catástrofe; Noé, filho salvo entre os mortos e pai dos sobreviventes.

Como definir esse acontecimento? Como uma bomba cuja novidade contingente interrompe um estado de coisas formatado há tempo suficiente para se acreditar que é algo perene: um povo que vivia tranqüilo desaparece; resta unicamente uma família; um velho lago de dimensões reduzidas alarga-se; um fragmento da história se bifurca.

Mesmo raras, ao serem reveladas as novidades desse gênero surpreendem; elas rompem os velhos formatos.

Conseqüências do acontecimento

Supondo que os especialistas não se enganam sobre a realidade e a data do acontecimento, nem sobre sua interpretação, a ruptura do Bósforo não interessa apenas àqueles ou àquelas que a ignoram e, com isso, descobrem que essas flutuações do clima podem ocorrer novamente, e que, na verdade, essa ruptura exerceu um impacto enorme: ela destruiu uma civilização cujas ruínas reencontramos nas margens submersas; remodelou uma parte considerável do mapa-múndi; desencravou a Rússia do mar dando lugar a novas trocas marítimas; colocou em cena um herói cujo papel de novo Adão fez meditarem os exegetas... em suma, alterou nossa visão dos tempos e da face da Terra. Propriamente físico, o acontecimento provocou um efeito histórico e religioso.

Traduzida na maior parte das línguas, assim que a Bíblia penetrou nas culturas e mentalidades, a história de Noé: dilúvio, arca-banco para os seres vivos visíveis e invenção da primeira biotecnologia do vinho por meio da domesticação de um fermento invisível... propagou-se ainda mais do que as águas. Supondo, repito, que essa ruptura tenha realmente ocorrido no lugar e no tempo indicados, as conseqüências do acontecimento excedem o simples efeito mecânico, físico ou de terror que uma cascata ou uma catarata podem provocar. Empregado aqui intencionalmente, o verbo exceder não designa apenas a quantidade ou o volume da ação, mas também uma mudança de natureza e qualidade: o aspecto do espaço e o sentido da história. Redesenhou-se o mapa da Eurásia, e alguns até mesmo retomaram a história humana do zero ou constataram seu desvio. Conseqüências globais e culturais seguiram-se ao acontecimento físico e local: de um formato a outro.

Causas

Existem outros acontecimentos, comparáveis a esse, que, por sua força, parecem ser uma exceção ao encadeamento habitual das causas, nos quais as conseqüências equivalem às suas condições, nos quais o efeito inteiro encontra-se plenamente na causa? A física da Terra data com bastante precisão cinco extinções da maioria das espécies vivas; catástrofes que, ao que parece, se devem à ação dos vulcões ou à queda de um aerólito, uma erupção normal ou choque fortuito que provocou o que se denomina inverno nuclear; a poeira de partículas satelizadas que se precipitou na atmosfera nessas ocasiões mergulhou o globo numa noite longa e glacial. Causa local, efeito universal; causa física, efeito biológico. As conseqüências bifurcam-se tanto em natureza quanto em alcance.

O que chamar de acontecimento? Quando causas conhecidas desenvolvem-se de tal maneira que os efeitos esperados permanecem homogêneos a tudo aquilo que os precede e, pela regra clássica da causalidade, a seqüência se insere num formato previsível: as horas se seguem, o tempo passa, as pessoas entediam-se ou vivem seu quinhão de felicidade. Quando, porém, sobrevém um fato colossal, de efeitos inesperados, em dimensão ou natureza, e que, por exemplo, desvia a direção do formato monótono das regras anteriores, nós lhe damos, então, o nome de acontecimento.

A partir de agora, passarei a falar deles e da novidade.

As pequenas causas

Será que me enganei? Os milhões de cavalos-vapor produzidos pela ruptura do Bósforo, o impacto de um aerólito no México ou na Sibéria, uma dezena de erupções vulcânicas na Islândia ou nas ilhas da Sonda podem gerar com sua força inumeráveis efeitos devastadores e, além disso, universais. Esses acontecimentos poderiam então servir de exemplos ao desenvolvimento normal do formato comum: causas formidáveis, efeitos enormes. Existem outros, porém, nos quais a força das causas diminui ao mínimo, chegando mesmo a zero, mas cujos efeitos excedem qualquer proporção.

Foi assim que o rumo da história romana e universal se desviou, diante do próprio nariz de Cleópatra, do qual Júlio César e Marco Antônio, cada um a seu turno, apreciaram o perfil. Causas de força quase nula, atos hoje considerados derrisórios e que amanhã podem ser decisivos, produzirão efeitos dignos de abalar existências singulares e impérios mundiais. Quem pode assegurar que o regime soviético não sofreu algum abalo por parte da instituição vaticana, abalo esse tão fraco que Stalin ironicamente perguntava de quantas divisões ela dispunha? Quem sabe avaliar o poder de um símbolo aparentemente sem força?

Podemos avaliar as conseqüências das palavras? Um mexerico maldoso amplia-se pelo rumor, transforma-se em calúnia, arrastando sua vítima ao suicídio. Quem pode prever essa propagação? A palavra mata: imprevisível, o efeito ultrapassa terrivelmente uma causa imponderável. A palavra muda a aventura humana? Que a leitura esculpe o corpo, decide ações e encanta o mundo é algo que *Dom Quixote* demonstra. Dificilmente os historiadores colmatam esse déficit entre seqüências densas e a leveza da palavra. Quem pode prever o poder de uma notícia, de uma mentira, ou de uma verdade? Raramente conseguimos controlar os efeitos de nossas produções, sejam elas palavras ou coisas.

Natureza e culturas

Nunca sabemos, igualmente, avaliar as conseqüências de nossas equações: palavras e frases de uma outra linguagem.

Newton descobriu a força de atração universal; a partir de então, ninguém mais vê o céu nem os astros da mesma maneira, nem a Terra, nem as maçãs do jardim. Concebam a graça como o contrário da gravidade. Três letras, um sinal e um número ($e = mc^2$) fornecem a chave de acesso a forças das quais retiramos bombas suficientemente destrutivas para que o terror que elas determinam altere as relações internacionais. Manipular o átomo, a cadeia dos genes ou a clonagem das bactérias... não é o mesmo que brincar com fogo? Desde a pretensa domesticação do fogo, passamos a nos arriscar com o incêndio; negligenciado, um fósforo pode incendiar muitos hectares.

Em breve, riremos daqueles que detêm o domínio das técnicas. Quem pode adivinhar se, e de que modo, um determinado objeto, apesar de convencional e produzido por nossa indústria, pode um dia converter-se em símbolo, em ícone, ou que mais posso dizer, em divindade? Segundo consta, nossos ancestrais veneravam troncos de madeira-fetiches que acabavam de entalhar e, pior do que isso, sacrificavam diante deles seus próprios filhos; o culto cego a determinados produtos de nossa economia mata os nossos semelhantes nas estradas. Com medo de ver suas estátuas se moverem, por vezes, os gregos recobriam-nas de correntes. Existe algo mais natural do que adorar ídolos esculpidos com nossas próprias mãos ou vedetes banais retratadas pela publicidade?

A faca de sílex caça, mas também assassina. A perseguição aos auroques ajudava a sobreviver; teria ela acelerado a erradicação da espécie? Quem pode saber? Aquilo que modelamos e acreditamos controlar sai pelo mundo para tentar a sorte e passa a ter vida própria. A angústia a respeito das indiscrições do aprendiz de feiticeiro afeta o *Homo faber* desde suas primeiras produções e interfere em nossas técnicas e nossas ciências até a manhã de hoje.

Generalização

O leitor pode surpreender-se pelo fato de as páginas precedentes passarem da calúnia espontânea à fórmula científica, enfim, às nossas produções em geral. A ruptura de proporção entre a pequena causa e a conseqüência gigantesca, favorável ou desastrosa, reúne todos esses exemplos, ligando a escala da informação, tão delicada que decai até as ínfimas fraquezas das emissões verbais ou das energias psíquicas, à escala da qual partimos, a escala dos sismos.

Isso porque, igualmente, nunca sabemos avaliar as conseqüências de um fenômeno puramente físico: antes da teoria do caos, Poincaré demonstrou que, de uma hora para outra, a Terra também pode deixar o sistema solar e sair pelo mundo em busca da sorte. A causa deixa então o infinitamente grande e, mesmo na mecânica, desce ao imperceptível para ali juntar, ao infinitamente pequeno, Cleópatra e calúnia. Riam dos historiadores que continuam deterministas quando se trata de assuntos humanos, enquanto mesmo as ciências mais duras admitem a existência de efeitos imprevisíveis ligados a condições iniciais que a observação mais minuciosa não pode detectar.

O circuito se fecha: uma mesma desproporção pode afetar tanto os fenômenos inertes quanto os artificiais, dos mais imperceptíveis aos astronômicos, da natureza às culturas; em toda escala de forças... existe a possibilidade de um intervalo entre causa e conseqüência. Uma ínfima mutação pode provocar a emergência de uma espécie viva cuja população ocupará o globo. O conceito de acontecimento torna-se universal. Quando parecia tão insignificante e circunstancial... que para expressar suas qualidades dizíamos: "eventual", ele perde seu caráter de exceção para juntar-se, senão a uma regra, pelo menos a uma multidão. Este livro celebra o acesso das singularidades contingentes ao universal. A narrativa junta-se à lei.

O observador e seu interesse

Acabo de falar das coisas como se ninguém as percebesse. O acontecimento é agora avaliado de acordo com o interesse que o observador demonstra por ele. Se estiver entediado, ele corre em busca de novidades; volta seu interesse para uma notícia inesperada: ontem pela manhã, Santorin explodiu, destruindo a cultura minóica; ontem à noite, Newton inventou a atração universal... Se o interesse pela novidade aumenta, o sujeito não se sente mais entediado.

Como, porém, ele reconhece o acontecimento? Se o fato ocorrido não tem nenhuma relação com sua experiência anterior, ele se interessa? Quem de seus familiares deu crédito aos avisos apocalípticos de Noé, um homem que construía sozinho sua arca? Não havia nenhum profeta na região... Mas também era necessário que os pastores já tivessem criado gado durante muito tempo nas margens estreitas do antigo mar Negro, para que a tromba-d'água devastasse sua história. Releiam mais acima as duas primeiras frases... *há muitas gerações... Subitamente...* Aqui se encontram as duas manifestações do acontecimento: antes dele reinava uma espécie de formato monótono, que induzia à rotina e ao tédio; subitamente, uma ruptura contingente sobrevém nesse regime. Trata-se de fato de uma novidade total?

Não realmente: toda bifurcação apresenta dois eixos. É claro que, antes de Newton, alguns cientistas já haviam feito algumas perguntas, mas sem encontrar uma boa resposta sobre a causa do movimento; é evidente que na ilha de Tera surgiram casas e palácios, além de uma notável organização social e algumas fumarolas; é lógico, também, que as vítimas de uma súbita paixão tenham aprendido duas ou três coisas sobre o amor... A novidade vem do céu, indecifrável? Não propriamente. Certamente, a língua grega ignora a palavra vulcão; não há dúvidas de que a exobiologia alega que os primeiros RNA codificados chegaram à Terra a bordo dos aerólitos... a maior parte do tempo, porém, a novidade tem alguma relação com uma rotina que a precede e que ela revoluciona. Existe qualquer coisa prévia que desfigura a bifurcação. Um pai dita a lei, seu filho a desobedece.

Quando São Paulo anuncia a Boa-Nova, ele enxerta o ramo cristão na árvore judaica e seu galho fariseu; o enxerto nasce na árvore em que foi implantado. *Porque, se tu foste cortado do natural zambujeiro, e, contra a natureza, enxertado na boa oliveira, quanto mais esses, que são naturais, serão enxertados na sua própria oliveira!* (Rom., XI, 24). Em forma de ramificação, cada um desses exemplos, escolhidos precisamente por sua diferença, na natureza ou nas culturas, apresenta um caule estável e um ramo novo.

Ação e pensamento

Da mesma forma que, universal e singular, o acontecimento percorre de fato todas as escalas de grandeza, do colossal ao mínimo, ele também transpõe a fronteira que separa o fato elementar, no qual uma novidade dissocia-se do formato, que o separa, repito eu, do observador cuja atenção é despertada pela novidade. Quem se entedia sofre devido à uniformidade de uma seqüência de fatos; o interesse, intenso e vivo, ao contrário, aparece quando a novidade do acontecimento foge à regra… como no caso do enxerto que se diferencia do caule em que foi enxertado. Ao passar do torpor às novidades, o observador sente-se deslocado pela duplicidade desse esquema, da mesma forma que as coisas a seu redor, submetidas a uma regra que subitamente foi quebrada. A eclosão de um acorde de sétima rompe a monotonia e desperta o ouvido. Este livro celebra o despertar no ponto em que caule e ramo se bifurcam, isso porque, nos dias atuais, vivemos sobre essa dupla tangência, ponto de origem da palavra contingência.

Mobilizam-se, então, não somente o observador, mas também o ator eventual. Quem pode avaliar o poder dessas práticas quando se trata de coisas, de seres vivos, de humanos e de circunstâncias? Investimentos enormes revelam-se impotentes, enquanto um pequeno empurrãozinho decide uma vitória. Por mais poderoso que se considere, o chefe tem menos poder do que imagina; por mais fraco que se considere, cada um de nós tem mais poder do que pode supor. Por maior que considere minha fraqueza, meu braço tem mais força do que a asa de uma borboleta; se ela pode desencadear um ciclone, o que meus dedos não poderão fazer? Nem o tirano nem o escravo são capazes de avaliar sua capacidade. Amanhã, o primeiro cairá por si mesmo, e o segundo desprezará a oportunidade de tomar o poder para tentar instaurar um mundo menos absurdo.

Júbilo, jogo

Essa ignorância sobre o efeito... inspira a esperança de agir, a decisão feliz e a liberdade do destino. Pela inabilidade que me confere, a contingência suscita em mim uma inesgotável alegria de querer, de pensar e de realizar. O ensaísta solitário lança suas obras do mesmo jeito que joga dados; azar dele se não escreveu *Fedra*, pelo menos ele terá vivido a experiência, ou seja, terá tentado. Em cada recém-nascido cintila a aventura do Messias, esperado ou que já veio. Vivemos menos inseridos em uma série fatal de causas previsíveis, em um real irrecusavelmente necessário... do que em um jogo extraordinário, no qual o atual e o provável podem perder sua importância em termos de seriedade diante do inatual, do simbólico, do imprevisível, da invenção espontânea, da insensatez e da fraqueza. O que parece dramático e urgente, aqui e agora, pode desaparecer num segundo como fumaça, e uma coisa que ninguém julga importante pode converter-se, de maneira paciente ou fulminante, em algo essencial. O que é necessário hoje logo se torna impossível e, de uma hora para outra, o contingente passa a ser uma necessidade, o inteligente vira um imbecil, e o alienado, um racional.

O pensador aposta. O homem de ação joga. O artista arrisca. Sem saber, Cook aventura-se no mar de Coral. Gallois descobre os grupos antes de morrer num duelo ao despontar da aurora. Quando os mais convencionais se inserem no que se denomina atualidade, perdem com isso a qualidade de pensador e a eficácia dos atos. O realismo sugere pontos de vista desastrosos. Se quer perder sua alma, trabalhe para salvá-la; porque, no final das contas, só salva sua alma quem pareceu perdê-la. Aposte alto. Imagine, invente, projete, alguma coisa sempre permanece. Por vezes, a sorte sorri para a audácia, a única coisa inteligente; a douta ignorância pensa.

Quatro novidades

Caso não façam isso, vocês se entediam? Eu lhes anuncio quatro acontecimentos.

Em princípio, aqui estão nossas novidades: há milhões de anos, apareceu o *Homo sapiens;* quadrúmano, ele aprendeu a andar; descobriu o fogo e saiu da África; desembarcou na Austrália e depois no Alasca através das Aleutas; talhou e poliu a pedra; caçador de mamutes, partiu do sudoeste da França, atravessou bravamente o Atlântico, em meio a icebergs e fragmentos de banquisa, até chegar à América; domesticou o cão; criou o carneiro e o boi; cultivou o milho e o trigo; promoveu o cruzamento de pombos e de macieiras; ao apedrejar monstruosamente cadáveres de reis, construiu uma multiplicidade de pirâmides; proibiu o sacrifício humano; descobriu a atração universal e a geometria não comutativa; escreveu *A Divina Comédia, Dom Quixote,* os *Ensaios...* compôs o *Tombeau de*

ACONTECIMENTO

Couperin*... praticaria ele a única fórmula compatível com sua sobrevivência: amais-vos uns aos outros?... Como definir a humanidade? Por meio dessa narrativa de acontecimentos novos, contingentes, imprevisíveis, antes que sejam produzidos, mas formatada como uma cadeia quase necessária quando traçada numa linha descendente que vem em nossa direção.

Antes da aventura humana, as espécies se sucedem palpitantes de vida; quando a Terra estava quase para nascer, talvez de algum outro lugar, surge um RNA codificado capaz de duplicar-se; as bactérias reinam durante três milhões de anos; explodem os pluricelulares; os xistos de Burgess permitem precisar a data na qual se instalaram os extratos duros, já mencionados; de maneira tão surpreendente quanto nossas invenções, a imensa árvore dos reinos, gêneros, ordens e famílias desenvolve-se numa multiplicidade de ramificações e ramúsculos. Como definir a vida? Por meio dessa narrativa de acontecimentos novos, contingentes e imprevisíveis, antes que eles sejam produzidos, mas formatada como uma cadeia quase necessária quando traçada numa linha descendente que vem em nossa direção.

Vocês se sentem entediados? Apenas as novidades recentes lhes interessam? Quais acontecimentos, então, podem ser considerados interessantes? São eles: as aventuras, as descobertas, a vida, e, o que mais posso dizer, o próprio tempo... não cessam de zapear.

---

* Seqüência de seis peças para piano compostas por Maurice Ravel entre 1914 e 1917. (N.Ts.)

Antes dessas duas arborescências, e para jamais sentir tédio outra vez, não vamos deixar de mencionar as novidades do mundo. No decorrer de sua expansão, o universo incandescente esfriou; ao chegar a uma determinada temperatura, a ionização cessa, o que impedia as partículas de se fixarem nos núcleos; com isso, a matéria conseguiu se separar da luz; a segunda continua, a primeira se concentra: à homogeneidade cintilante do estado de juventude, no qual nem mesmo os átomos se formavam, sucede-se a distribuição das galáxias separadas por um espaço quase vazio. Sabemos datar esse ponto de mutação, sobretudo depois que pudemos observar a irradiação fóssil e medir seu calor residual. O caule antigo, ainda presente, continua a vibrar; o novo ramo dá forma ao universo observável. Da mesma forma que a classificação dos seres vivos resume uma evolução temporal na qual os ramos, sempre novos, não cessam de surgir, assim também a classificação dos corpos químicos simples de Mendeleïev* resume a arborescência de sua formação de acordo com o tempo. Como definir um determinado metal? Por meio da data de seu nascimento, de sua novidade. Como identificar, da mesma maneira, se uma certa estrela é anã ou supergigante? Velhice vermelha, juventude azul.

Para não os entediar, interrompo aqui essa série de exemplos que, no entanto, são muito interessantes; essas quatro novidades: corpo material, universo, vida e humanidade... se

---

* Dimitri Ivanovitch Mendeleïev (1834-1907). Químico russo conhecido principalmente por seu trabalho sobre a classificação periódica dos elementos, publicado em 1869. Ele afirmava que os elementos químicos podiam ser organizados segundo um modelo que permitia prever as propriedades dos elementos ainda não descobertos. (N.Ts.)

resumem, em uma palavra, na natureza. Como defini-la? Por seu sentido original: o que nasceu, o que nasce e o que nascerá; ou melhor, por meio dessa narrativa de acontecimentos recém-nascidos, contingentes, imprevisíveis, antes que sejam produzidos, mas formatada como uma cadeia quase necessária quando traçada numa linha descendente que vem em nossa direção.

Tudo o que aprendemos emerge; tudo o que produzimos aparece; tudo o que existe inventa... A Grande Narrativa assemelha-se a uma arborescência universal de acontecimentos contingentes e de novidades. Necessidade, onde se desmorona sua vitória? Você não nos fere mais com seu aguilhão. O tédio acaba de dar seu último suspiro para ceder lugar a um radioso interesse pelo novo?

Tédio

Por que vocês se entediam? Porque longas cadeias de razão repassam sempre os mesmos formatos; as pedras caem, os rios correm, as horas passam, as espécies predadoras programadas reinam: leão, Alexandre; chacal, Luís XIV; hiena, Stalin; abutre, Pinochet... águias: Napoleão ganha e perde batalhas, a Inglaterra conquista um grande número de colônias, a América controla o mundo... cada linhagem obedece a regras monótonas, sempre calcadas no mesmo formato de poder e morte. Coisas previsíveis que, antes de serem produzidas, formam seqüências necessárias, sem informação. Por serem metódicas, elas dominam. A força mata, mas inventa pouco. Velho, Satanás critica, enquanto Deus cria o novo.

O tédio repete as leis. Os corpos pesados se atraem, o fogo arrefece, a ordem corre em direção à desordem, os organismos se decompõem, os autômatos genéticos reiteram sua conduta programada. Nada aprende nada. Não se estapeiem, os mosquitos voltarão a atormentá-los, não atormentem tampouco esses homens, eles retornarão à batalha. O universo dirige-se ao *big-crunch*, um aniquilamento terminal, simétrico ao *big-bang*; o Sol segue rumo à explosão final, quando, enfim, se transformará em uma nova; as células-tronco prosseguem em direção a uma série de inibições; as espécies, rumo à sua própria extinção; a invenção, rumo à repetição, o novo pensamento, rumo à litania; a obra, rumo ao comentário; a violência para a violência, o poder para o poder e ambos em direção à morte. O tédio mata.

A melancolia mortal das "novidades"

Vocês ainda se entediam? Corram em busca de novidades. O que vocês denominam comumente novidade? Palavras e imagens de poder e glória, dança das cadeiras na qual o nome daquele ou daquela de quem se fala muda, mas a lei dos gestos se repete: conquistar o poder, deixá-lo, ou dele ser expulso. Para apoderar-se do poder, porém, é preciso matar. Matar como a águia faz com o cordeiro, Caim fez com Abel, como fizeram Alexandre e Stalin... caça, luta pela vida.

Corram em busca de novidades: com seu tom monótono, as ditas cadeias de informação martelam a toda hora a regra da morte repleta de terror e piedade. Assassinatos e cadáveres em grande quantidade. Suas malhas sombrias aprisionam mortalmente. Como é possível que aflorem novidades a partir desses programas melancólicos, tão necessários quanto as leis da queda mortal dos corpos? As verdadeiras novidades anunciam aventura, vida, invenções e contingência.

Um novo elogio do formato

Não obstante, a norma apresenta um interesse parcial. Gesto corriqueiro, a repetição certamente é limitativa, mas ajuda, porque o hábito torna mais leve o esforço despendido no trabalho. Fugir ou não dessas cadeias, eis uma verdadeira questão.

Isso porque, como já afirmei, embora seja um obstáculo, a lei ajuda. Se a uniformidade entorpece, se a monotonia enrijece e atua como uma droga, elas, no entanto, regularizam as coisas. Tanto na forma de utilizar o dia, como em biologia, o relógio funciona em duas vertentes, ele repete e anuncia, acalenta e desperta, marca a passagem do tempo e soa na hora de acordar. Constituído por vinte relógios, ao transpor os meridianos, nosso corpo sofre com o desajuste desses relógios. Ao seguir um ciclo ritmado de gestos e exercícios, o treinamento permite progredir. Será que aprenderíamos alguma coisa sem a mímica dos neurônios-espelho? Do corpo à ação, o mesmo programa: os ritmos possuem o duplo papel de transir o adormecimento e cumprir sua tarefa. A obra exige que se retome a escrita todos os dias, em períodos fixos. *Nulla dies sine linea*: nem um só dia sem escrever uma linha. Uma regra possui duas funções: subjugar e libertar. A arte nasce das constrições e morre de liberdade. Quando, inversamente, porém, o academismo matá-la, amanhã ela cortará suas amarras e, com isso, renascerá. A incoerência do comentário asfixia a inteligência que a ausência de tradição apaixona loucamente. Não há estilo sem gramática, cujas regras não constroem o estilo. Prudente, a medida calcula e ordena; meticulosa, ela enrijece o elã inventivo. Sem forma não existe a obra nova, que surge fora da forma.

Natural, o relógio acompanha o circuito dos planetas, mas, com suas batidas, marca os batimentos do coração, os golpes de Estado e os gestos de teatro; não há vida sem o retorno obrigatório da aurora, nem primavera sem o eterno regresso ao ponto vernal, não há poesia sem ritmo, não há harmonia sem a inarmonia das sétimas, nem estilo sem ruptura de estilo, não há sistema solar sem o caos que pode fazer o planeta bifurcar-se de sua elipse. O tempo corre rumo à entropia ou, ao bifurcar-se, escande a expansão do universo e a evolução vital.

Pedro e Paulo saem da prisão; o mais judeu, sensível aos signos, foi libertado pelo Anjo; o mais grego, sensível à razão, foi libertado por um tremor de terra. Sair, desfazer os laços... subitamente, surge para eles a Novidade. Sócrates proíbe que qualquer um o liberte e deixa a vida antes de deixar as grades. É necessário fugir ou encontrar uma lei, e qual lei? Formato e novidade, morte e novidade caracterizam a natureza tanto quanto nossas culturas.

CONTECIMENTO

Libertação da morte

Mais uma vez, o que há de interessante? O que se encontra fora da prisão, fora da regra e da uniformidade: a saída. O advento de um veneno como o oxigênio mata, mas favorece o nascimento de organismos sensíveis. No dorso dos pássaros, penas repelem os répteis rastejadores. O monoteísmo do Crescente Fértil irrompe como se fosse algo novo entre as idolatrias. Abraão, o pai, não mata mais o filho. Anaximandro imagina o indefinido nas origens da geometria. Raras vezes, porém, advém a paz. O que há de interessante? O advento. O nascimento. O quente raro, não o frio regular. O despertar; nem o sono, nem o sonho. A invenção da sobrevivência. A saída da caverna e do túmulo. Pensem sempre em sair. Em nascer para vencer a morte.

Querem mais? No sentido comum, as informações repetem as invariâncias letais, as leis inertes da gravidade ou as leis cruéis da selva. No sentido exato, porém inverso, desse termo a informação anula essas repetições para lançar o que é raro. O que existe de interessante? O desvio, o surgimento. Exceção ao nada: o *big-bang*; à entropia: a organização; ao reino bacteriano: os pluricelulares; à posição quadrúmana: a posição ereta; às mãos sujas que assassinam quem delas cuida: Semmelweis, seguido por Pasteur; às regras sinistras da violência: o amor raríssimo; à mediocridade: a obra. O que existe de interessante? A saída da agonia: vida, pensamento inventivo, calor, amor e coragem benfazeja. O nascimento, a vitória da vida contingente sobre a morte necessária.

Teoria das quatro verdades

Vocês ainda continuam a se entediar? Vou lhes revelar, enfim, suas quatro verdades. Como acabo de dizer, na realidade, os formatos e novidades são quatro e referem-se à natureza inerte, à vida, aos homens e às suas produções. Novas galáxias esvaziam-se, bifurcando-se a partir de um universo incandescente e homogêneo; ao deixá-las, os procariotes e eucariotes, os novos transmissores de núcleos, anunciam uma reprodução diferente para os seres vivos que virão depois; com o corpo já ereto, a futura família de Lucy deixará a África e correrá o mundo... A música italiana abandona o barroco; Poincaré retifica Laplace e, com isso, o mundo segue outro rumo; quando será que modificaremos nossa conformação? Ciências, filosofias, artes, religiões e políticas... inventam novidades da mesma forma que os genes sofrem mutações ou que as partículas se bifurcam.

Falar dessa maneira escandaliza. Como explicar de uma só voz todos os gêneros de acontecimentos, como reunir os exemplos citados sem os distinguir? Privado da disciplina que o sintetizaria, a este livro, filho órfão, falta a linguagem na qual ele poderia exprimir sua concordância, a da novidade, cuja ramificação encontra-se em todos os lugares e também nos diz respeito.

Nós, nessa história

Esta é a narrativa que revela os acontecimentos materiais, expressivos, históricos ou culturais... e agora é a própria pessoa que relata, eu ou outros. Suas frases não seguem apenas, de maneira objetiva, uma sucessão de estados de coisas, mas podem transformar quem as enuncia, assim como quem irá ouvi-las. A evolução transforma as relações entre as partículas, as espécies vivas e os costumes grupais, sua narrativa pode provocar mudanças em quem a apresenta e nos que a ouvem. O que o acontecimento narrado nos cria?

Certas narrativas contêm em si essa estranha força de transformação, tão pouco descrita. La Fontaine avalia essa força em sua obra *O Poder das Fábulas* (livro VIII, 4). Uma das fábulas contadas por ele nesse livro chama a atenção. A cena se passa na antiga Atenas, no momento em que Felipe, às portas da cidade, coloca a pátria em perigo. Do alto da tribuna, por meio de poderosas figuras de retórica, o orador Demades* descreve uma situação patética... "Frívolo e superficial", o povo conversa. Ele, então, muda de método e começa: *Certo dia, Ceres fazia uma viagem junto com a Enguia e a Andorinha. Um rio lhes bloqueia o caminho, mas como a Enguia podia nadar e a Andorinha voar, ambas logo o atravessam.* No mesmo instante, a assembléia brada em uníssono: *E Ceres, o que fez? — O que ela fez? Uma cólera enorme tomou conta dela, em princípio contra todos vocês.* Completamente irado, Demades tira seus concidadãos da apatia.

O que o orador deve fazer para tocar a assembléia? Como prender-lhe a atenção? A narrativa alcança sucesso onde a propaganda, a violência do propósito, a eloqüência e o perigo fracassam. A narrativa, sim, mas qual? Vocês se recordam da frase,

---

* Demades (380-318 a.C.). Orador ateniense, demagogo e avaro. Mesmo nascido de origens humildes, exerceu papel de liderança na política da época. (N.Ts.)

já citada, com a qual iniciei: *...há muitas gerações... Subitamente...* Na superfábula de La Fontaine* — à qual dou esse nome porque ela avalia o poder das fábulas —, aparece a mesma figura: *...fazia uma viagem... Um rio lhes bloqueia...* Eles vagavam, o Dilúvio os mata. Elas caminhavam, o rio as bloqueia. Em certo ponto, uma descontinuidade fratura um caminho contínuo. Aí, uma catástrofe em forma de catarata põe fim, em poucos dias, a séculos de trabalho agrícola; aqui, um rio atravessa o caminho e, em determinado ponto, interrompe a viagem. Uma barragem se rompe ou uma outra, que se deve transpor, interrompe uma condição geral de passagem. Uma novidade obstrui a lei. O acontecimento impede o curso do formato. Esse é o ponto em que o galho deixa sua marca sobre o tronco comum. O interesse cresce com a intercessão que o interdita: sim, leiam três vezes a forma ramificada da narrativa: no que ela relata, na forma pela qual ela é relatada, na alma de quem a ouve. Zapeio, logo escuto.

Melhor ainda, aparece o fabulista em pessoa e diz: "Se alguém me contasse a fábula da *Princesa Pele de Asno* isso me faria sentir um prazer enorme." Que prazer, grandes deuses? Será preciso que o novo acontecimento transforme a mim também, o narrador, orador ou declamador, que também transforma tanto leitores como ouvintes? Os atenienses despertam, comovem-se; para eles a narrativa é algo recreativo... não cesso de desfrutar da fábula da *Princesa Pele de Asno*; mesmo que eu a

---

* Jean de La Fontaine (1621-1695). *Fábulas.* 2 volumes. Ilustrações de Gustave Doré. Traduzidas por poetas portugueses e brasileiros. São Paulo, Livraria Landy Editora, 2005. A superfábula a que o autor se refere — "O poder das fábulas" — é a primeira do livro undécimo e foi traduzida por Filinto Elísio. (N.Ts.)

conheça de cor, ela me diverte. Nossa alma... assemelha-se a uma árvore que explode em ramagens e buquês? Mas que prazer, oh! grandes deuses? O prazer da atenção: ela metamorfoseia a fera em bela. No ponto em que o ramo se enxerta no caule, aparece esse novo estado. Esse enxerto transforma a lei repetida no caule numa outra coisa; suspirando de tédio, inquieto-me; sonolento, desperto de meu dogma; ao imitar, invento; de tronco, eu me transformo em ramo; enrolado na pele de asno, eu saio. Eu me converto. Morto, eu renasço.

Essa novidade realinha o curso do tempo íntimo cujo fluxo murmura vocalises e frases. Ele se orienta de acordo com a narrativa. Subitamente, o sentido muda de sentido; ora, o sentido nasce quando o sentido muda, seja de direção ou de significado. Quando um fluxo toma uma outra direção. Quando o asno transforma-se em uma moça. Que canto, que encantamento, que metamorfose... fazem com que, nas *Fábulas*, os animais mudos falem? Será que as crianças também aprendem alguma coisa na linguagem tácita das *Fábulas*?

Velho, eu rejuvenesço. Para finalizar, La Fontaine deixa de lado o embaixador, a quem dedica sua fábula, o orador ateniense, a política, a guerra, o diabo e sua corte, para escrever: "Costuma-se dizer que o mundo é velho: acredito que sim; entretanto, é necessário diverti-lo como se ele fosse uma criança." Ele retorna mais uma vez à mesma forma do ramo, porém, humano: o velho e a criança. Será que o obstáculo do caminho, a narrativa interessante, o fluxo de minha alma, a própria genealogia, o filho e o pai... obedecem aos mesmos esquemas?

Narrativas

Esse é o poder das fábulas, a energia da narrativa: atrair a atenção é certo, mas também metamorfosear o povo inconseqüente em combatente. De onde provém o milagre? Um conto que faz dormir acordado subleva uma população e a conduz até as muralhas, diante do inimigo. Platão também julgava com desconfiança a força da retórica e a influência dos sofistas sobre a política. Ignoramos hoje o poder total das mídias, sons e imagens sem qualquer outro contrapoder? Enquanto discorria sobre a Grande Narrativa, eu só dava atenção à verdade objetiva. Ela me apaixona, mas não atrai muita gente. Sua energia decorre menos de sua verdade do que desse poder apaixonante da narrativa. La Fontaine avalia essa energia ao demonstrar que um orador transforma a atenção da audiência ao revelar, ele mesmo, a ramificação que descrevi: no lugar em que o caule se parte, ele faz um enxerto. Enxerta. O poder extraordinário que produz esses milagres reside no ramo. A narrativa coloca-o em cena. Como? Pelo menos por meio de palavras.

O povo ignaro considera os profetas da Bíblia, as parábolas do Novo Testamento, os Atos dos Apóstolos, ou as Epístolas de São Paulo uma lengalenga superficial. Não se trata disso: neles se recontam, indefinidamente, a história e os contos de mulheres simples e bastante idosas. Incansável, antes de morrer apedrejado, Estêvão retoma a genealogia do pai e do filho da família de David; nas sinagogas de todos os portos por onde passou, São Paulo narra a Ressurreição... Os aedos, os poetas homéricos e os poetas tribais africanos depositários da tradição oral declamam. Montaigne: "Os outros formam o homem, eu o recito." Sem contos, não há cultura; sem cultura não há literatura, popular ou clássica; sem uma narrativa não há religião. Somente ela converte, somente ela transforma grupos e pessoas. A palavra cria.

Ramificação das línguas

Oclusivas, fricativas, labiodentais... na comunicação as consoantes abafam a emissão dos vocalises ou vogais. Lábios, língua, dentes e palato formam barreiras complicadas, fechamentos ou chicanas... cuja disposição quebra, cruza e reorienta incessantemente o fluxo vocal. A voz transpõe aberturas difíceis que a articulam. Ela reage a cada obstáculo, lida com ele e, depois de contorná-lo, desvia-se dele. Se não encontrasse nenhum desvio, ela só proferiria alguns lamentos. Sem mudança de sentido, não há sentido. Em virtude de suas inflexões, mesmo os vocalises quebram a continuidade da música. Sempre bífida, a língua multiplica os ramos.

Ao esculpir a linguagem oral, articulada no interior da boca, a dupla vogal-consoante retoma a fábula da viagem de Ceres e o rio encontrado por animais e deusa. Como podem voar ou nadar, os dois nativos que a acompanham atravessam o rio sem dificuldade, enquanto para a deusa ele é um obstáculo: os animais não dispõem dessa linguagem que faz tremer os deuses e os homens ao longo de canais delicadamente endentados... eles assobiam, ladram e mugem... Ceres encontra resistência, assim como a voz em relação aos dentes. Nossas línguas articulam-se por meio de fluxos e barreiras, assim como o caminho e o rio, assim como nossas vidas e obras, assim como a narrativa, assim como o tempo de nossas consciências, assim como o mundo...? A ramificação operada por um acontecimento sobre um formato reúne, oh! maravilha, o significante e o significado? O suporte imita o conteúdo da mensagem?

Vocês pretendem narrar alguma coisa? Mostrem como a própria língua fala. A forma é que fornece o pano de fundo. Todas as histórias do mundo residem no léxico e na gramática, nas consoantes e nas vogais. Toda essa minha filosofia é enunciada pelas palavras e pela voz. La Fontaine exalta o poder das fábulas; eu celebro e cultivo o poder das línguas. A cada um seu ramo.

Ramificação da consciência e do desejo

Melhor do que isso. Por que razão, ao zapear a história de Ceres, a maioria das pessoas perde o fôlego quando a deusa fica paralisada diante da parte rasa do rio? O narrador de *A Arlesiana** pergunta: em que ponto paramos nossa narrativa ontem à tarde? E a criança responde: no "E aí então"... Você falava, depois ficou em silêncio; a barreira da noite virou um obstáculo ao fluxo de sua narrativa. Limitamo-nos a isso pela suspensão do desejo. Um rio de sono paralisa a viagem da alma... e aí então... ela desperta... e aí então, o represamento do Bósforo arrebentou, e aí, então, o *Homo sapiens* surgiu, e aí, então, São Francisco se desfez de suas roupas... Ontem à noite

---

* Romance escrito em 1869 por Alphonse Daudet (1840-1897), posteriormente transformado pelo próprio autor numa peça em três atos. (N.Ts.)

eu dormi e, ao acordar, encontrei o ramo: e aí então... Por que esse suspense promove tal festa em minha alma?

Como não disponho de nenhum ramo de ouro para iluminar os arcanos, como o que conduziu Dante por toda A *Divina Comédia*, desconheço o que os outros denominam *eu*. Jamais soube como descer a esse inferno. Eu, porém, o sinto, e me sinto, como se fosse atraído por aquilo que no passado recebia o nome de fluxo de consciência. A consciência interna do tempo coincide com o tempo da consciência e esta, sem dúvida, coincide simplesmente com o tempo. Deitado no chão de um barco, Jean-Jacques* deixa-se flutuar sobre o lago de Bienne; Lamartine [Alphonse de Lamartine (1790-1869)] suspende sua duração sobre o lago de Annecy; do alto da ponte Mirabeau, Apollinaire [Wilhelm Apollinaris (1880-1918)] observa o curso do rio Sena; Bergson evoca *o fluxo da consciência*; Whitehead** descreve a fluidez que passa; *Les Origines de la géométrie* (p. 39) [As Origens da Geometria] analisa a expressão: cela ne *passe pas* [isso não passa], na qual a mesma palavra se repete, o verbo exprime o fluxo e o advérbio, sua interrupção. O pé avança um passo, ergue-se, mas fica imóvel, incapaz, como se quisesse negar-se. A Enguia e a Andorinha passam,

---

* O autor refere-se a Jean-Jacques Rousseau (1712-1778), filósofo suíço, escritor e teórico político. Figura marcante do Iluminismo francês e uma das principais inspirações ideológicas da segunda fase da Revolução Francesa. (N.Ts.)

** Alfred North Whitehead (1861-1947). Lógico, matemático e metafísico britânico, reconhecido como um dos grandes filósofos do século XX. Criticou a divisão entre espírito e matéria, entre substância e acidente, abstrato e concreto, ou a representação tradicional do tempo. Concebeu a natureza como uma "experiência". O processo do mundo é uma "experiência de Deus", na qual os "objetos", ao passarem de um mundo ideal (próprio da natureza de Deus) ao mundo físico, determinam os "acontecimentos". Seu método baseava-se na análise da realidade a partir da percepção dos objetos e das relações entre eles. (N.Ts.)

mas Ceres não: e aí então... O tempo e a consciência confundem a passagem sem obstáculos com o obstáculo do passo: narrativa suspensa, suspensão do desejo. Este último ramifica-se assim como a linguagem? Quem algum dia saberá qual deles começa? A narrativa ramifica-se, assim como o desejo, o desejo como a linguagem, esta última como a consciência e, todos juntos, ramificam-se como o tempo? E aí então...

Tempo-ramo

Muitos lingüistas atribuem ao *tempus* latino duas raízes gregas opostas, o verbo τέινω, distender continuamente... e um outro, τέμνω, cortar ou interromper: mais uma vez o caule e o ramo. Benveniste* acredita que o conjunto de seus elementos verdadeiramente latinos, como temperar, temperança, temperatura ou tempestade... que designam uma fusão, exprime mais originalmente seu sentido. Dessa forma, o tempo que passa, *time, Zeit,* se aproximará do tempo que faz, *weather, wetter, tempo,* que, como se costuma dizer, mistura calor e frio, seco e úmido, sombra e luz. Quando dizemos que o tempo corre, esquecemos que o verbo latino *colare* significa filtrar uma mistura de elementos diversos. Como é possível constatar, ele percola mais do que corre: ele filtra. Ele passa e não passa.

O tempo mistura um contínuo de tensão com um descontínuo de ruptura, um fluxo que corre com um filtro que o

---

* Émile Benveniste (1902-1976). Lingüista estruturalista francês, conhecido por seus estudos sobre as línguas indo-européias e pela expansão do paradigma lingüístico estabelecido por Ferdinand de Saussure. (N.Ts.)

impede de passar. Como a narrativa, pequena ou grande, como o desejo... A natureza do tempo dura, enquanto o conta-tempos interrompe essa duração. Dessa forma, um número precede ou segue o intervalo entre ele e um outro, sobre uma linha indefinida ou um fragmento tão pequeno quanto quisermos; o poder do contínuo dispersa infinitamente outras tantas multiplicidades numéricas. Como o velho Nilo, o rio-pai fragmenta-se em cataratas-filtros-filhas. E aí então ... a água não passa mais como passava. Igualmente, o vento fresco se frange em rajadas; as antenas inclinam-se em múltiplas direções. Em alto-mar, as vagas se convertem em pequenas ondas. Sinuoso e inconstante, o balanço da água embala, mas também provoca impactos bruscos: o navio passa sobre uma profusão de pedras. As chamas descem entrecortadas em línguas de fogo. E aí então... todo mundo fala centenas de dialetos que divergem desde a época em que nos separamos. Pulverizada pelas mutações e pelo filtro mortal da seleção, a evolução explode em buquês, gotículas e jorros de vida. Eu penso por meio de intuições, de deduções e de visões intensas em desenvolvimento, adoro as paixões à primeira vista e as fidelidades duradouras. E aí então... eu não penso como se pensava antes. Canto por meio de fluxos e inflexões. Eu me lembro e esqueço... e aí então... perdôo... O tempo permite compreender que, simultaneamente, amo um pouco, amo muito, apaixonadamente, amo até a loucura e não amo nada, nem ninguém... Ouço um anjo que passa, mas legiões de gênios do bem sussurram acuofênios em meus ouvidos. Globalmente e no mesmo instante, meu tempo vela e cochila, corre e interrompe-se, calcula e murmura, canta e dança, escapa de mim e se mantém, por meio de pizicatos e tenutos, de suspiros e fermatas, vogal e consoante.

Constituída de tempo, a consciência agora mistura o cotidiano dos usos, tradições, costumes e leis que a conservam semelhante a ela mesma às novidades que a estimulam e transformam. Ao mudar este mesmo e aquele outro, vivo, atuo e penso, flutuando sobre esse ponto vernal, situado no cruzamento entre dois caminhos, no qual a primavera nasce. Meu tempo ramificado corresponde às ramificações da Grande Narrativa.

Essa correspondência é a base de todo conhecimento.

Inquietude

No sentido literal do termo latino *in-quies* ou do alemão *Unruhe*, a inquietude perturba o repouso, a tranqüilidade de um estado estável: ela afasta do equilíbrio. E aí então... inicia-se o movimento ritmado do pêndulo do relógio que vai da esquerda para a direita sem se deter na posição vertical. Um corpo esférico desce por um poço e, num movimento oscilatório, sobe por um dos lados, de súbito se detém, volta a descer, passa pelo fundo e sobe novamente pelo outro lado. E aí então... vibra uma mola: o afastamento faz com que ela se comprima e acumule desse lado uma força que a detém bruscamente do outro. Escondida no interior do relógio e associada ao movimento periódico do pêndulo, essa mola conta o tempo. Mede-se o tempo por intermédio da mola e da inquietude.

Encontro um obstáculo que se opõe ao meu projeto: forçado contra a parede, o fluxo de consciência acumula energia, assim como um elástico. Se encontrar um caminho para contornar o obstáculo, ele o transpõe, infiltra-se por algum outro local, surge através de uma saída inesperada e, desviado por esse obstáculo, segue em outra direção, como um novo ramo, diferente do projeto original. A inquietude produz minha energia e a força de meu espírito; ela conta meu tempo e me impulsiona. Invenção e mutação brotam dela. Alguma novidade surgirá no meu tempo, sem que eu me sinta alarmado por ela? Que perigo imprevisível será capaz de me arrancar da cama nesta manhã?

No mesmo sentido literal, a existência priva-me do repouso ou perturba meu equilíbrio. Com isso, ela me insere no tempo. Pedras e mortos descansam em paz. Será que eu poderia existir sem a inquietude? Essa pergunta só repete duas palavras equivalentes. Eu existo significa: eu me inquieto. Inquieto-me, logo existo. O famoso *cogito* de Descartes diz isso sem dizer, uma vez que pensar, ainda no sentido literal, significa pesar: avaliar um peso em uma balança. Não há pesagem nem báscula sem pequenos ou grandes intervalos de equilíbrio. Eu existo, logo meu tempo tem a inquietude por motor. Sem ela, não existo; sem ela meu estado equivale à morte; ela ressuscita. O ramo possui a forma forquilhada do intervalo e a função motriz de acumulador sem as quais não há tempo nem existência, objetiva ou subjetiva, natural ou cultural. Ao nos afastarmos do equilíbrio mortal a inquietude nos faz nascer.

Armazenem tesouros de inquietude; ela nos insere na existência. Sem os perigos mortais que se corre atualmente... saberíamos transformar qualquer acontecimento num advento? Inventaríamos um novo mundo?

Advento

Como renascer?
Por meio de um bom encontro

"Ela passou pelo portão e o relâmpago reboou", diz ele. Inquieto, se retrata: "Será que realmente a esqueci?" E persiste: "Que eu me lembre, a paixão que tanto tempo me angustiou começou naquela manhã com a doçura do sol, a brisa suave e a bruma transparente de setembro acariciando a árvore diante da casa. A partir desse encontro, minha vida bifurcou-se." Retoma, então, suas dúvidas: "Nada aconteceu naquela manhã." No entanto, assegura: "Como negar que existiu um antes e um depois? Quanto mais o tempo passa, mais ganha importância esse momento de vazio, uma importância que não teve enquanto passava." Os grandes amores não acontecem à primeira vista. A palavra reencontro, cujo prefixo indica repetição, demonstra àqueles que ela faz nascer ou renascer que eles esqueceram seu encontro, ou seja, a primeira vez: sempre virgens nesse advento.

No ponto de junção entre o pequeno ramo e seu caule, o acontecimento produz uma bifurcação; no caso do advento, a junção sobre esse mesmo ponto revela um nascimento. O primeiro pode ficar estéril, enquanto o segundo produz; ao romper um formato monótono, o primeiro surge como exceção à regra, como um afastamento do equilíbrio habitual, como a interrupção de uma série; além do mais, mesmo sendo o primeiro da série a sair, o advento, por sua vez, faz surgir uma existência, faz nascerem sujeitos, constrói uma história... que logo se ocupam de leis intermináveis: produção, origem, começo... e surgimento desse ramo que, em nossa língua, possui a mesma raiz da palavra raiz.

De onde brotam essas novidades? Elas se anunciam furtivamente como um ladrão na calada da noite?

Autocatálise

Não existem geleiras no circuito canadense, nem na tundra da Sibéria. No entanto, sob a mesma calota polar e a influência das mesmas latitudes e climas, a superfície da Groenlândia desaparece todos os anos sob o peso de uma densa massa glacial de vários milhares de metros. Por que as mesmas causas não produzem os mesmos efeitos?

Vejam por quê: outrora, durante um inverno, ali nevou um pouco em altitude. Bem pouco, ligeiramente acima da média. Acontece, porém, que, quando chegou o verão seguinte, mais fresco do que de costume, a fina camada de gelo que se depositara não se derreteu; esses frios intermináveis chegam e ninguém se dá conta disso. No inverno seguinte, mais uma vez nevou pouco, mas o suficiente para recobrir as neves precedentes que já haviam se congelado. A partir desse segundo ano, a crosta que se formara desafiou os reaquecimentos estivais, fracos nessas altas latitudes. Isso tudo recomeçou, de tal forma que depois que a camada de gelo alcançou densidade suficiente não houve mais mês de julho que pudesse derretê-la. Desencadeou-se, então, um ciclo auto-sustentável cujo resultado final foram essas geleiras gigantescas que os territórios que não conheceram esses começos, quase impossíveis de observar, não possuem. Assim, a Groenlândia continua esmagada sob o peso de massas de gelo de alta densidade, que não podem ser encontradas no vizinho Canadá, ou na mais distante Sibéria. Em 1952, Cailleux* deu a esse processo o nome de autocatálise.

Equivalente a qualquer outra ondulação que não assinala nada, uma ondulação sobre a água, quase invisível como essa, anuncia uma emergência. Passado semelhante advento, a aventura que se inicia acrescenta necessariamente um extrato a mais nos muitos já existentes, subsumindo tudo a seu crescimento. Dessa maneira, a novidade chega nas asas de uma borboleta.

Nascimento da Terra e de um grupo

Todos os dias, a Terra recebe milhares de asteróides. Pequenas partículas de poeira e grãos medíocres... pedras de

---

* André Cailleux (1907-1986). Geólogo francês, professor da Sorbonne. Membro de inúmeras missões geológicas, foi representante do governo francês em expedições polares antárticas. (N.Ts.)

tamanho considerável cavam círculos, por vezes visíveis, na superfície terrestre. Por cinco vezes, com intervalos de centenas de milhões de anos, um choque gigantesco aniquilou mais de noventa por cento das espécies vivas. Sem dúvida, no começo um grão encontrou outro grão e, juntos, atraíram um grão ainda maior, já de massa considerável, que, por sua vez, exercia uma atração mais considerável ainda. Um ciclo auto-sustentado, cujo limite sistêmico conhecemos, formou nosso planeta por acreção, de maneira tal que, em seu interior, ele ainda arde em virtude desses choques. Quem colocará a mão na primeira pedra?

Como começa um império? Sobre uma superfície de terra, cada um dos membros de uma colônia de cupins deposita aleatoriamente uma pelota de argila. Ocasionalmente, pode acontecer que, aqui ou ali, dois deles coloquem essas pelotas uma sobre a outra. Com mais volume do que suas vizinhas essa massa atrai outros cupins que, com toda gentileza, preferem amontoar suas pelotas de argila mais nesse lugar do que em outro. O que se segue é um crescimento gigantesco de pequenas torres. Por meio dessa fábula sobre cupins, construí a narrativa a respeito da fundação da antiga Cidade romana e das "causas" de sua supremacia imperial (*Roma*, pp. 11-17).

Inclinação

Mesmo que em seu livro, *Au Bonheur des Dames** [Ao Paraíso das Damas], Zola tenha descrito a conduta dessas senhoras, a língua francesa infelizmente não dispõe do vocábulo *serendipity*** [serendipidade], comum em inglês desde que Horace Walpole*** citou *Les Trois Princes de Serendip* (Ceylan) [Os Três Príncipes de Serendip (Ceilão)], cuja narrativa demonstra a felicidade de se encontrar aquilo que não se procura. Certa manhã, Boucicaut**** altera a ordem dos departamentos do magazine que havia fundado, transformando-o num labirinto. Ele, com efeito, revolucionou a vida da dona de casa que vinha até a loja para comprar um vestido e uma cesta, e saía de lá vencida por um número incontável de tentações inesperadas e, portanto, sobrecarregada de compras imprevistas. Quantas vezes, ao abrir um dicionário, vocês não ficaram

---

* No romance de Émile Zola publicado 1883, *Au Bonheur des Dames* é uma das lojas de departamentos mais refinadas de Paris. Seu fundador, extremamente consciente de seu poder, explora o desejo que suas luxuosas mercadorias despertam nas clientes. Identificando os começos da economia capitalista e da sociedade burguesa, Zola captura em abundantes detalhes a obsessão com a imagem, a moda e a satisfação dos prazeres que tomou conta da sociedade francesa do século XIX. De todos os seus romances, esse pode ser considerado o mais relevante para nossos próprios tempos. (N.Ts.)

** Serendipidade é uma atitude epistêmica que considera que as descobertas geralmente são feitas por acidente. (N.Ts.)

*** Horace Walpole (1717-1797). Político, escritor, líder do Renascimento Gótico e criador do termo serendipidade. (N.Ts.)

**** Aristide Boucicaut (1810-1877). Fundador do *Au Bon Marché* (1838), primeira loja de departamentos parisiense que inspirou o romance de Emile Zola *Au Bonheur des Dames*. Situada em plena Rive Gauche, na sétima circunscrição de Paris, na esquina das ruas du Sèvre e du Bac, permanece até hoje como ponto turístico e referência de consumo para os próprios parisienses. Em 1984, foi comprada pela holding LVHM (Louis Vuitton, Henessy, Möet), que se dedica à fabricação de mercadorias de luxo. (N.Ts.)

fascinados diante de um termo, como uma mulher no *Au Bon Marché,* e foram de uma palavra encontrada ao acaso a outra, esquecendo-se até mesmo daquela que foram procurar, atraídos pela dupla alegria da ignorância e da descoberta?

Com freqüência, esse tipo de idéia surge dentro de um curioso contexto. Esse processo aleatório conduz à invenção? A genialidade advirá por meio da serendipidade? Claro, sob a condição de se viver dia e noite com a idéia fixa na loja de departamentos.

Anúncios

No início de qualquer peça teatral, um autor cômico ou trágico fornece a lista de personagens do elenco. Depois de milênios de farsas e dramas, adivinhem quem foi citado com mais freqüência: o mensageiro, não importa qual seja seu nome. Pouco eloqüente, ele anuncia os acontecimentos, muda a seqüência da narrativa, altera os atos, perturba os equilíbrios e os destinos por meio de crises e peripécias e, com isso, surpreende; com sua forma de marcar o ritmo da cena, ele inquieta e conduz os adventos. Os Antigos o reverenciavam sob o nome de Hermes. No passado, propus o uso do caduceu, para representar a filosofia, a história e as ciências. Nas religiões monoteístas, ele se apresenta sob a forma de um anjo. Por vezes parasita, ele perturba as comunicações, imuniza os organismos e metamorfoseia as coisas...

Para que não deixemos nunca de nos surpreender, volto a repetir que do encontro amoroso ao glacial, do Império de

Roma ao *big-bang*... esses começos dizem respeito à matéria, ao ser vivo, à história ou aos afetos, sujeitos ou objetos... e ocorrem nos mitos, nas ciências, nas religiões, nas obras de arte e na política... Um pedregulho que faz tropeçar ou um golpe de vento podem reorientar; do *clinamen*, inquietude insignificante, nasce um mundo, do nada surge uma existência: esta ou aquela?

O *princípio de razão*

Quando em ciência fazemos a pergunta *como?*, respondemos pela causa; quando a filosofia pergunta *por quê?*, ela busca uma razão. Faz isso precisamente porque existe alguma coisa mais do que nada ou esta coisa mais do que aquela? Sempre existe uma razão. Visível ou oculta, seu princípio faz crer que ela permanece estável e que não se pode concebê-la exceto dessa maneira. Não, ela varia: de uma quantidade colossal até zero; em grandeza e aspecto; em quantidade, natureza e qualidade; em eficácia também, que pode ser positiva, nula ou negativa. A quase-anulação da razão nos exemplos precedentes chega ao limite mínimo dessas variações.

Vamos retomar o outro caso, sem dúvida alguma o mais importante do mundo: a pré-formação supõe a existência de uma razão que tenha integrado o conjunto das causas, de forma que a seqüência do porvir a desenvolvesse, e não se refere a não ser a ela: um caso novo, raríssimo e no limite. Qualquer que fosse o sonho do demônio de Laplace e de seu irmão gêmeo religioso, o dito criacionismo, o paraíso da pré-formação seria acessado pela razão? O caos das coisas se opõe a isso. Sonho com um Deus que derrama incessantemente sua graça sobre as águas sempre primordiais da contingência inesperada... mais sutil que o antigo programador: uma vez que Ele já pensa no desenvolvimento de todas as coisas, qual a necessidade de se criar? O perfeito entendimento cederia, então, diante dessa estúpida repetição?

Ao buscar a razão, nossas experiências e saberes avaliam as variações sutis que podem conduzir à sua anulação. Isso transforma as ciências, a filosofia, nossas idéias do real, as coisas e os homens. Penetramos numa outra era cognitiva. Este livro não cessa de celebrar o nascimento, sem data, da contingência assumida: ambos poderiam ou não ter nascido.

Como prometi antes uma resposta, essa é a razão pela qual retomo os exemplos. Por que temos tão pouco acesso ao começo? Devido à sua densidade — nada vemos além dele —, a calota congelada deposita-se sobre a Groenlândia, soterra e oculta sua superfície; a barreira de Planck separa o *big-bang* de nossa física; a supremacia romana rejeita sua primeira fraqueza; e eu, pude algum dia deixar de arder de amor? Ao contornar uma curva cega e fixar o olhar a partir do ângulo que precede a bifurcação, descobrimos, ao olhar para trás da nova orientação, que outros já passaram por ali. Por outro lado, as gerações amnésicas consideram suas novidades regimes estáveis. De modo rápido, uma conseqüência converte-se em causa de si mesma. Tudo começa por aquilo que a continuidade apaga. A invenção dissolve e atenua a rigidez. A vida que nasce oculta a morte que a sucede. Qualquer produção provém de uma morte.

Todo começo equivale a uma ressureição? Naquela manhã de primavera, carregando suas ânforas de essências aromáticas, duas mulheres, uma delas Maria de Magdala, se precipitam em lágrimas diante do cadáver de sua esperança. Pela fresta entreaberta do respiradouro é possível observar a presença de dois homens deslumbrantes, dois anjos vestidos de branco que conversam: ele não repousa mais aqui. *Hic non jacet.* Túmulo vazio, não há testemunhas. Nada, a ausência. Quem irá acreditar nas histórias dessas mulheres? Milhões de seres humanos. Esse é o caule que dissimula seu novo ramo: as essências perfumadas, as roupas e faixas brancas... indicam o antigo costume da mumificação registrados pela narrativa. A era moderna começa com o esquecimento dos cadáveres. Todo nascimento elimina uma morte.

Trecho de uma arte poética: exórdio

E como nascem mesmo essas narrativas? Os escritores reconheceram na prática das línguas os segredos que, há tantas décadas, as ciências desejavam descobrir nas próprias coisas?

Em primeiro lugar, concedo-lhes a palavra: de que espaço obscuro ela surgiu? Se vocês têm vocação para escrever ou falar, é de importância capital que aprendam a aperfeiçoar seu exórdio. Em seu advento, todo propósito se condensa, como um modelo reduzido; seu brilho ilumina os olhares; seu sinal aguça os ouvidos; seu exercício conduz os ouvintes no caminho que os fará cair na armadilha de Demades. Amor à primeira vista, golpe de Estado, golpe teatral... a cortina sobe: sem uma breve apresentação do que e de quem se trata, não se poderá atrair a atenção, não haverá espetáculo, não se conseguirá agradar. A receita usual para agradar desde o começo descende da *captatio benevolentiae* recomendada pelos retóricos da Roma Antiga. Conquistem a boa vontade: hipnotizem, seduzam... imediatamente ou jamais. Que os mortos se levantem!

Já que falo latim, essa forma de exórdio que nos solicitam vem do verbo *ordior*, começar, do qual a palavra tecer retira o termo *urdir*, cujo sentido primitivo e concreto designa o gesto de entrelaçar o fio em forma de corrente ou de trama. Texto ou tecido: caules e ramos.

Nascimento de sujeitos

Em conseqüência disso, suspende-se um hábito que seguia seu curso: um incidente o interrompe, principia-se uma inquietude, urde-se a trama; e então — o que fez Ceres — para compensar a angústia do rompimento? É necessário revelar... a cena se abre.

"Eu acabara de sair de minha casa e subia em direção à cidade, quando alguém, que me reconhecera pelas costas, dirigiu-se a mim num tom de zombaria. 'Você não poderia esperar por mim?' Não me restou outra coisa a não ser parar e lhe dar tempo de me alcançar. 'Apolodoro', disse-me ele..." Dizem que em seu leito de morte Platão ainda trabalhava no *incipit* do *Banquete*. Como de costume, eu vinha tranqüilo de minha casa, situada mais abaixo... não há nada a revelar sobre isso: linha regular, caule quase morto. Subitamente, com um grito, alguém rompe o cotidiano: Glauco intervém nas repetições de Apolodoro. Tudo se desencadeia no ponto desse cruzamento. Mais tarde, quando à mesa se discorrerá sobre o amor, quem se lembrará de alguém que partia para suas caminhadas? O bom exórdio interrompe um movimento comum ou formata por meio de uma fratura; uma descontinuidade rompe uma continuidade. O tempo passa e não passa. Ele está sempre começando: o caule dá lugar ao pequeno ramo. Ergam bem alto esse ramo de ouro que permite descer aos infernos. Todo mundo o seguirá.

O advento cria ou recria os próprios sujeitos. Dois amigos, por exemplo: um levava uma vida tão difícil que havia perdido o rastro do outro. Ó surpresa, eis que, saído não se sabe de onde, o amigo desaparecido surge diante dele como um espectro do outro mundo! Tudo muda.

"Sim, se reencontro um amigo assim fiel
Minha sorte vai mudar...
...Quem diria que a margem de um rio, aos meus olhos tão
funesta
Apresentaria, em primeiro lugar, Pílades aos olhos de
Orestes?"

Andrômaca* começa por uma continuidade que se cruza com um advento e produz dois sujeitos cuja inquietude os projeta numa ação que está para acontecer. O encontro de um —

---

* Personagem lengedário, Adrômaca foi escravizada após a queda de Tróia. Tornou-se concubina de Neoptólemo, filho de Aquiles. Aparece nas obras de Homero e Eurípedes. Título de uma das principais peças de teatro de Jean Racine (1639-1699). Apresentada pela primeira vez em 1667, integra a programação regular da Comédie Française, em Paris. (N.Ts.)

novo — faz nascer o outro — funesto — de um quase-morto. Da mesma forma, o *incipit* de *Ifigênia* revela-se antes da aurora, momento em que o rei desperta seu mundo... O de *Fedra*, por sua vez, reproduz o esquema que o de *Atalia* , mais complexo, repete:

"Sim venho ao seu templo adorar o Eterno;
Venho, segundo o costume antigo e solene,
Celebrar com vocês o famoso dia
Em que, sobre o monte Sinai, a Lei nos foi concedida."

Acabo de chegar: o rito anual, acontecimento menor, reproduz o grande advento do qual, no passado, veio a lei que Javé entregou a Moisés. Esse exórdio não designa apenas o templo de Jerusalém como unidade de lugar, o famoso dia como unidade de tempo, e a celebração como unidade de ação... ele, porém, realmente cria os personagens. Quem fala? Eu. A quem? A vocês e com vocês. Novamente, quem fala? Todos nós juntos, judeus piedosos que celebram o nascimento de nossa eleição. Quem falou no passado? Uma única vez, o próprio Javé falou a Moisés. Antes deste último, rastejávamos sob a servidão do Egito e da morte. Nascemos naquele momento e renascemos nessa manhã. O *incipit* de *Atalia* deixa a morte para trás.

"Estávamos em horário de estudos quando o Diretor entrou, seguido por um *novato*, vestido como um burguês, e de um aluno da classe que carregava uma grande carteira escolar. Os que dormiam acordaram e cada um deles ergueu-se como se tivesse sido apanhado de surpresa no meio de um trabalho."

Ainda mais uma vez o caule e a bifurcação: Flaubert instaura a formatação do regime de sono e trabalho, melhor ainda, o ronronar irônico de um exercício tão estúpido que faz todo mundo dormir; desponta, então, a novidade em três acontecimentos: entrar, despertar, levantar. O surgimento de dois sujeitos diante do sujeito que acabou de chegar. Entretanto, durante o longo tempo em que Ema Bovary* irá se consumir de amor, persistirá a lembrança da entrada do Diretor e desses preguiçosos que se ergueram rapidamente? Simples acontecimentos...

Boa-nova enunciada pelos *incipits*, os Evangelhos instauram a religião do advento, cujo calendário celebra apenas começos: Anunciação, Visitação, Advento, Natividade... a circuncisão consagra a entrada para o povo eleito... a Ressurreição adia para sempre o fim necessário. O cristianismo festeja a *omnitude* das novidades. Existe uma figura mais completa do que a de uma mulher sempre virgem, mesmo depois da concepção e do parto? Nesse "sempre virgem", ingênuo e profundo, reconhecemos uma obra-prima da arte, a intuição, o despertar, a aurora e o ato do amor... Apesar de se datar o universo em quinze bilhões de anos, a irradiação cósmica, presente por todo espaço, testemunha virginalmente seu começo.

O universo, o planeta e as geleiras: o inerte; narrativas, amores, invenções e instituições nascem todos da mesma maneira: coletivo, cognitivo ou íntimo; homens e mulheres: sujeitos... O paralelo que surpreendia, mas confundia no for-

---

* Gustave Flaubert. *Madame Bovary* (1857). Tradução de Araújo Nabuco. São Paulo, Martins Fontes, Círculo do Livro, 1975. (N.Ts.)

mato e encantava nos acontecimentos, renova-se nos adventos. As origens surgem, assim como os imprevistos se bifurcam; os nascimentos eclodem da mesma maneira que os encontros e as circunstâncias. Nós começamos como e quando mudamos. Em todos os domínios, a contingência invade circunstâncias e nascimentos. Esse refluxo da necessidade caracteriza nosso mundo, literalmente renascente. Necessidade, onde se oculta sua morte? Morte, onde se dissimula sua necessidade?

Até agora meus exemplos de emergência citaram apenas novidades ultrapassadas... que nada consegue disfarçar. De onde surgirão elas a partir de agora? De nossas produções. Os avanços técnicos inspiram os terrores do ano 2000. Eles fogem ao nosso controle? Sim, com maior freqüência, é o que afirmamos. Tememos seus efeitos destrutivos? Podemos prevê-los, ou corremos o risco dos imprevistos? Mas o que sabemos de seu advento? Esclareçamos o nosso próprio advento pelo deles.

Nascimento das possibilidades

Buquês de virtualidades brotam das novidades das bio e nanotecnologias: moléculas, células, espécies... homens e relações... possíveis. A partir de elementos, partículas ou genes, elas transformam a matéria e sua constituição, a vida e sua gênese, o humano e sua genealogia, os grupos... uma nova realidade irá nascer? Uma outra natureza?

Imaginamos a realidade como algo imutável e único, isso porque ela nos serve como referência e garantia de estabilidade; nela vivemos, nossas ações a ela se aplicam, nela nossas condutas se baseiam. Preconceito, mentira ou utopia, qualquer projeto que se afaste da realidade suscita críticas e risos. Projetado fora dela, o afastamento atual faz surgir uma novidade tão global, que provoca o pânico, no sentido etimológico de totalidade. O que vemos aí é apenas monstruosidade: uma insuportável saída do humano e do mundo, um desvio da natureza quanto às faltas éticas, ao esquecimento dos valores e à perda do divino. Iremos por isso abandonar esse real, um real que a vida percebe, a física experimenta, a metafísica funda e a moral exige...? E se esse real, que aos nossos olhos é algo necessário e único, se reduzisse ao mais opaco de nossos formatos? Justificadas ou exageradas, essas reações de pânico descobrem em nós o apego fundamental a um mundo a partir do qual, involuntariamente, nos aparelhamos. Nós o amamos como a uma casa antiga que pertenceu à nossa família. Por mais pessimistas que nos declaremos, no momento de deixá-lo, ele nos parece o melhor possível.

Como vocês sabem disso? Qual foi o pai infalível que lhes disse? Repito, esse real, esse mundo e esse homem não se reduziriam a hábitos formatados? Invertam o ponto de vista: em lugar de julgar os projetos recentes de acordo com as filosofias, religiões e antropologias... veneráveis, descubram até que ponto esses afastamentos em relação ao homem e ao mundo questionam essas formações culturais e descobrem a contingência de suas garantias. Inquietas, todas elas fazem a pergunta à sua maneira: por que imaginar navios e abandonar-se à própria sorte no mar se é em terra firme que se encontra a estabilidade de nossas sabedorias?

Sereno, por vezes vejo o mundo em que vivo como o melhor possível. Afinal, só tenho a ele: um corpo, uma existência, uma aventura do destino; não apenas me conformo com essas condições, como também desperto pela manhã alegre pelo fato de viver minha vida neste corpo, neste mundo e com os outros. Sem mentiras nem sonhos, tento praticar essa sabedoria lúcida, apesar de fazer isso mais ativamente a fim de encontrar fora de mim a solução para meu pensamento impotente, para as falhas de meus órgãos e para os obstáculos impostos pelo ambiente em que vivo. Essa alegria intensa celebra, porém, menos o necessário do que o contingente: se eu pudesse não ter nascido; essa trama de sabedoria e alegria emana de uma teia de modalidades.

Fora das matemáticas, nada se necessita. Este mundo poderia não existir ou, então, existir de outra forma. Como costumam dizer, como o mundo poderia sobreviver sem a água deixada por um cometa? Uma lenda relata as circunstâncias estranhas e banais no decorrer das quais meu pai encontrou aquela que se tornou minha mãe. Todo real navega nas ondas da contingência. Vibramos incessantemente rumo ao possível, unidos pelas dificuldades de nossas impossibilidades. Dito isso, deixamos a casa assim construída.

A segunda camada do cone

Aqui está uma imagem antiga dessas novidades. No final do *Essais de Théodicée* [Ensaio de Teocidéia] (414 sgs.), a deusa Palas conduz Teodoro, o grande sacrificador, ao último andar da pirâmide dos mundos: no topo dessa pirâmide ela lhe mostra uma habitação tão bela que, ao vê-la, ele perde os sentidos;

após despertá-lo, a deusa revela: eis aqui o mundo atual, o nosso, o único e melhor. Abaixo dele, na camada inferior do sólido, você pode ver outras habitações se multiplicarem em infinitas bifurcações, são os mundos possíveis que, no momento da criação, Deus não escolheu.

Nessa descrição sublime, Leibniz nos convence de que Deus os eliminou porque eles continham mais mal do que o escolhido. Eu teria adorado acompanhá-lo nessa visita e sorrir, lá do alto, de cima dos galhos natimortos nos quais eu teria vivido como marinheiro, compositor de música e não escritor, contente e infeliz, mas de outra forma. Eles inspiram *Jacques o Fatalista**, no qual, em todos os cruzamentos, surgem inúmeras possibilidades; Diderot afasta-se continuamente da estrada, deslocando-se entre acontecimentos imprevistos e bifurcações, acariciando ao passar dezenas de começos virtualmente ramificados; ao relê-lo, sempre virgem, mergulhamos ofegantes no mundo atual de nossas ciências e técnicas trespassado de fatalidades e novidades...

Em resumo, o topo da pirâmide, o único que é real, perde-se entre os estágios inferiores, em meio aos incontáveis mundos possíveis e abortados. Que Teodoro, agora maravilhado e em êxtase, sem levantar os olhos para o topo da pirâmide, só tenha dirigido o olhar para a parte inferior do sólido, onde, diante de seus olhos, agitam-se essas organizações fugazes, é algo que me

---

* Denis Diderot (1713-1785). Filósofo francês. Sua obra, *Jacques le Fataliste et son maître* [Jacques o Fatalista e seu senhor] dirige-se a todos aqueles que duvidam. O romance não se contenta apenas em refletir as idéias inovadoras do Século das Luzes. Seu conteúdo universal versa sobre os paradoxos da vida e do mundo e apresenta importantes reflexões ético-filosóficas. (N.Ts.)

surpreende. Como bom geômetra — o autor utiliza um poliedro, eu prefiro um sólido curvilíneo —, ele sabia, no entanto, que um cone desenvolve duas camadas e não uma só e, também, que no topo do cone começa a segunda camada que, por sua vez, exibe os novos mundos possíveis, aqueles que, atualmente, fazemos surgir de nosso próprio mundo; nossos projetos surgem desse movimento cônico... como os pulos de través dados por *Jacques o Fatalista.* Os mundos possíveis que Deus deixou do lado de cá do único mundo real, escolhido por sua excelência, nós os projetamos diante de nós; ao inverter o ato criador, fazemos com que o leque do virtual jorre por meio de fontes prestes a nascer. De naturados, nos transformamos em seres naturantes, e amanhã eu lhes falarei da pluralidade dos mundos.

Escência do homem

Da camada inferior, ou ramagem, brota o cone superior ou ramo. A segunda camada substitui a primeira, parcialmente abandonada. Nós fabricamos outros mundos, outras gêneses, um novo homem. Construímos os feixes de possíveis. Mas o que há de novo nisso? Sempre abandonamos nossa morada: deixamos a animalidade há muito pouco, a África outrora, as cavernas no passado, a Antigüidade recentemente, a terra firme para navegar no mar instável e nas turbulências do ar, a coleta e a caça anteontem, a agricultura ontem e a revolução lentamente... Nossa espécie *sai*, esse é seu destino indefinido, seu fim sem finalidades, seu projeto sem objetivo, sua viagem, não, sua errância, a *escência* de sua hominescência. Saímos de nossas produções e fazemos com que elas saiam de nós; nós produzimos e nos autoproduzimos por meio desse incessante movimento de saída. Nós aparelhamos. Da mesma forma que deixamos o útero e o seio maternos, o país de nossa infância, nossas crenças ingênuas, uma dezena de verdades históricas fugazes e o dialeto da região em que nascemos. Assim como saímos do programa para aprender e do inato para adquirir... assim também deixamos atualmente a unidade do real, do mundo e do homem por outros, possíveis.

Para que sair mais uma vez? Será que abandonamos a presa por sombras vãs? Para que aparelhar? Deixamos algum dia de soltar as amarras? Os pré-socráticos abandonam a terra pela geometria: sonhos! São Paulo renuncia à Antigüidade pela Ressurreição: devaneio! Hanão, Nearco, Pitéias de Marselha, Vasco da Gama, Colombo, Cartier, Cook e Cousteau embarcam: loucuras! A aprendizagem abandona o nicho preestabelecido e programado e o automatismo genético em troca de uma aventura sem promessa evidente: um salto no desconhecido! Uma ancoragem realizada por duas âncoras num porto seguro impede nossa civilidade. Nascida em águas amargas, a vida volta a nelas mergulhar com a ajuda do vento da contingência e do risco com gosto de liberdade. Cabe ao marinheiro o primeiro *cogito:* em mar aberto ninguém pode contar a não ser consigo mesmo. Como homem livre, você sempre amará o mar.

Aparelhar, precisamente:
a Grande Narrativa das técnicas

Jamais tivemos acesso a uma soma de possíveis tão completa como hoje. Para demonstrar esse fato, não posso evitar descrever o advento das técnicas, ocorrido há milhões de anos, por um processo de externalização ou exodarwinismo, já mencionado anteriormente (1ª parte, p. 66), a propósito do ato de conhecer e de inventar que penetrava no corpo e saía dele.

Vejamos: em lugar de bater na parte superior de uma estaca com a mão cerrada, fazemos isso com um martelo que imita o antebraço e termina em forma de punho. Na extremidade do membro superior, a técnica substitui um artefato exterior que se assemelha a ele. De certo modo, o instrumento sai dele e os ossos de nossa mão se convertem em madeira e ferro, como um exoesqueleto. O mesmo acontece com os membros inferiores, a roda externaliza as articulações quase esféricas dos quadris, dos joelhos e dos calcanhares; andar e correr são movimentos que já se faziam nas bicicletas; reinventá-las sob a forma de máquinas liberta-as dos órgãos de locomoção. Sendo assim, a bombinha de leite deriva da mama, da pele esfolada origina-se a vestimenta; do escalpo o boné, do coração a bomba e do seio feminino a mamadeira.

Já faz muito tempo que denomino esse processo de saída: aparelhagem. Mais uma vez o mar aberto! Semelhante ao órgão que imita, um aparelho também aparelha o organismo, liberta-se dele como um barco que deixa o cais, com a proa diante de si, em direção ao mar aberto. Fora do corpo, nossos órgãos vão pelo mundo em busca da sorte. Em conseqüência disso, aprimoramos nossos recordes nas corridas ou nos saltos com menor rapidez do que nossos avanços em relação à charrete que se converteu em bicicleta e, depois, em foguete espacial. Ao avançar no rumo da história, a evolução humana transformou mais as técnicas do que os organismos. Daí o nome exodarwinismo, proposto por mim. *Sapiens* e *faber* nasceram da invenção de aparelhos cuja forma perdeu a semelhança com sua matriz tão rapidamente, que esquecemos sua origem. Os instrumentos saem dos corpos; as técnicas derivam de uma fonte "natural".

O artificial amovível

A mamadeira imita o seio, assim como o martelo imita o antebraço e o punho; semelhante ao seio a mamadeira aparelha-se dele. Em relação ao seio, porém, que é fixo no corpo devido à evolução, ela tem mobilidade, disponibilidade e caráter amovível. Inamovível, a pelagem do leão quando superaquecida obriga-o a interromper sua corrida. Desde o princípio, as condições climáticas do nicho orientam a seleção favorecendo os organismos dotados deste ou daquele tipo de pelagem; sendo fixa no animal, porém, a pelagem ali permanece à espera de outras dificuldades e de outra seleção. Essa espera pode durar muito tempo. Um casaco de peles, ao contrário, teria permitido ao felino continuar sua caça sem ser obrigado a descansar. Para isso, bastaria retirar o casaco e, eventualmente, vesti-lo outra vez a seu bel-prazer, segundo as condições, sempre instáveis, de calor e frio. Assim, Hércules vestiu a pele do monstro de Neméia, e o sacerdote asteca, a pele da vítima imolada — de passagem, saudemos a morte, sempre presente. Os dois podiam retirar as peles sem demora e quando quisessem. Um objeto técnico leva vantagens sobre o órgão correspondente porque é possível retirá-lo quando ele deixa de ser útil. A mamadeira equivale a um seio amovível.

Ao inventar os instrumentos, substituímos com eles as funções de nossos órgãos, conseguimos até mesmo aprimorá-los, trocando a imobilidade de uns pela mobilidade dos outros, e, globalmente, substituímos a evolução pela história. Não se percebe mais a técnica da mesma forma que antes; com ela é possível observar os fragmentos externalizados e independentemente evolutivos de nosso corpo. Eu afirmava há pouco que abandonamos o real e o homem: os ditos aparelhos abandonam nossos organismos desde os tempos em que o *Homo faber* surgiu. A evolução produz um corpo que produz uma novidade.

Retorno à morte

Por outro lado, queiram calcular o tempo que a técnica economiza em relação à evolução na qual foi preciso esperar — quanto, milhões de anos? — para que seu processo nos dotasse de órgãos tão eficazes quanto os instrumentos. Calculem, ao contrário, os cadáveres que a técnica poupa, se e quando os organismos dela se encontravam privados, e que foram impiedosamente eliminados pela seleção. Definam a técnica como uma economia formidável de tempo e de mortes. Mais uma vez, uma invenção provém da morte.

O que podemos fazer hoje com respeito a esse destino original a não ser administrá-lo com prudência? Que importam as modas estéticas, as ideologias, ou as condições recentes da economia e da política, em relação a esse arcaísmo temporal, ao processo de hominização e ao surgimento desses novos ramos fora do corpo? A técnica acompanha a natureza, visto que o próprio homem nasceu, ainda nasce, e nascerá — *nascor, naturus, natura* — de fabricar as coisas; conseqüentemente, ele nasceu *faber*, pois já fabricava com suas próprias mãos instrumentos equivalentes a seus órgãos. Dessa forma ele já entra na auto-evolução.

O ovo: semivivo e semi-objeto

Observemos um órgão singular: a evolução parece ter dividido o oviduto dos pássaros em útero e na glândula mamária de certos vivíparos, de modo que, em relação às duas funções do ovo dos ovíparos, o embrião reintegra o corpo materno, enquanto o estoque fixo de alimento se transmuta numa secreção do seio que varia de acordo com a necessidade. Isso permite aprofundar a imagem da aparelhagem e observar como o martelo sai do braço. De fato, o oviduto condutor produz um ovo duplo, semi-objeto, semivivo: ele certamente é um ser vivo portador de um futuro organismo, mas um pouco inerte porque se encontra revestido da casca protetora de calcário que irá nascer. Há milhões de anos, pela forma de pôr os ovos, os ovíparos já seguem o caminho do que denomino exodarwinismo: eles externalizam o óvulo, uma espécie de exossoma. Pelo fato de produzirem o objetivo, pela metade é certo, mas já a meio caminho, os pássaros inventaram precocemente algo que eu tinha a tentação de, orgulhosamente, atribuir aos humanos? Além do ovo assim reproduzido, o objeto já produzido, tal como ninhos e pré-instrumentos... existe em grande quantidade ao redor de seus corpos. Será que já existe uma tecnicidade resultante da oviparidade? A inteligência alada das aves — invenção sazonal de melodias pelo chapim e o colibri; operações de tecedura de entrelaçamentos ornamentais e fabricação de mandíbulas apropriadas para que o pica-pau consiga furar a casca do ovo; o sistema de orientação para os migradores de longa distância; paradas nupciais ou danças, cores e música aliam-se em suntuosas óperas... — prodígios que fascinam os ornitólogos, acerca dos quais até então eu dera uma interpretação meramente comportamental e que, por meio das três dimensões do vôo, agora se esclarecem de novo. De forma mais geral, os ovíparos já produzem o objetivo? A partir do objetivo, a produção começa a aproximar-se da reprodução, mas não ainda da técnica.

No começo, o ovo: origem de quase todos os seres vivos, ovíparos ou vivíparos, o ovo deve ser considerado, além disso, a origem material das técnicas?

Exoesqueleto e fâneros

Melhor ainda, ao externalizar o ovo, um semi-objeto móvel, a oviparidade não supera, comparativamente, o exoesqueleto, ainda inseparável? Os vertebrados ovíparos continuariam, assim, um imenso movimento ascendente no qual os artrópodes, insetos e outros moluscos... amonite, ostra... enfim, os invertebrados em geral, já secretavam couraças de quitina, no caso das conchas e carapaças por intermédio do pálio, ou seja, um exoesqueleto comum, da mesma forma que, por uma outra forma de externalização, os carpinteiros construirão nossas casas? Teríamos algum dia construído estruturas tão refinadamente torneadas como as conchas dos moluscos, com freqüência tão luxuriantes, que não conhecemos culturas que não enfeitem seus corpos com elas ou as utilizem como forma de moeda? Em resumo, a técnica começa na Era Paleozóica, a partir das explosões do Cambriano, quando surgem as partes duras? Não inventaram elas seu exterior a partir de um interior, como se fosse uma estrutura circundada de muros protetores para as partes moles e frágeis? Sonho com essa antigüidade — meio bilhão de anos — para o advento das técnicas. Decididamente, como resolver os problemas atuais em profundidade sem inserir a história na Grande Narrativa?

Doravante, nos vertebrados, plumas, pêlos, cascos, unhas e dentes, carapaças dos quelonídeos, escamas do pangolim... levam adiante esse fluxo vital de prototecnicidade... Dos mais antigos exoesqueletos, perceptíveis desde os xistos de Burgess, até o aparecimento recente desses fâneros, perpetua-se uma cadeia gigantesca de tentativas intrabiológicas, primitivas, "naturais", ainda não amovíveis, que anunciam a externalização ulterior. Os cemitérios técnicos: pedras polidas, ruínas antigas e carcaças de automóveis... alinham-se sobre os fósseis do Cambriano?

Da oviparidade à viviparidade, recuando com o objetivo de dar saltos melhores, como em qualquer caso de neotenia, a evolução vai do ovo externalizado para o interior do organismo, isso no que se refere ao útero e ao embrião, chegando, enfim, ao homem; subitamente, porém, retorna a ele e explode prodigiosamente junto com os aparelhos. O seio transforma esse semiovo inerte em mamadeira. Semi-ovo: uma reserva nutritiva que não carrega nenhum embrião, inerte, e sem vida, feita de terra ou de vidro, semelhante ao ovo que se reveste de calcário. Nossa produção bifurca-se da reprodução. Retomamos a construção de conchas ou de ninhos, por meio de um número infinito de paredes e tetos com os quais estabelecemos redes e cidades de formas ilimitadas. A imagem da aparelhagem transforma-se numa espécie de oviposição de conchas mortas, comuns a certos vivíparos. Pela reprodução, o ser vivo "verdadeiramente" replica um organismo inteiro, semelhante a seus genitores; pela produção técnica se "reproduzem" as performances de um organismo, mais analiticamente, função por função, quase no sentido da representação ou da cópia.

Não apenas isso, pois os fetiches e as *Estátuas* também o reproduzem globalmente. Sonhei recentemente que monstros e quimeras deixados por uma certa antiguidade, cuja forma associa seres humanos e animais e, por vezes, até mesmo os mistura entre si — o Querubim assírio: velho, águia e touro; o Anúbis egípcio com cabeça de chacal; ou a Quetzalcoatl: serpente asteca revestida de penas... —, relatam, em um contexto religioso, a passagem longa, difícil e jamais totalmente concluída do animal ao homem e, portanto, o processo de hominização. As civilizações que nos legaram esses fósseis esculpiam o que denominamos evolução? Como os ditos fetiches petrificam a teoria, não sabíamos decifrar o tempo nessas imagens imóveis. Respeitoso, o processo de hominização se decifra nessas imagens.

Fazendo um balanço de todos os argumentos, é possível afirmar que a técnica brota da evolução, acompanha a árvore das espécies, aparece a partir da concha dos invertebrados — e desde os esporângios, esses vasos portadores de sementes? —, na reprodução dos ovíparos e de certos vivíparos, em seguida, explode, isso já com os castores. Mesmo que pareçam dar as costas à natureza, as culturas produtoras de aparelhos não nos tornam, por isso, nem tão estranhos a essa arborescência natural e a seus múltiplos ramos... nem tão divinos para os entusiastas, nem tão satânicos para os enlutados. A evolução produz a técnica a partir de si mesma, inicialmente não de forma intencional e programada, ela faz, portanto, com que a técnica nasça naturalmente; depois, em nós, ela sai do programa e entra na aprendizagem e na intenção.

A amplitude dessa visão descreve nosso lugar dentro do elã vital.

Calor, sólidos, fluidos e neguentropia

Até este instante, pareço ter confundido a técnica com o inerte sólido, mamadeiras, estátuas... bronze, madeira ou ferro. Será que cometi o mesmo erro de Bergson, para quem a coerência e a rigidez definiam a inteligência que fabrica? Os fluidos circulam com o mesmo movimento. As máquinas da revolução industrial, movidas a fogo, transformam a energia graças aos líquidos ou gases que transportam o calor. Será que esqueci de aquecer a mamadeira que dá ao recém-nascido o leite e também as calorias que o seio da mãe "naturalmente" lhe fornecia? Todo o raciocínio anterior se redireciona, pois agora integram-se a ele as novidades termodinâmicas já descobertas pela evolução nos animais de sangue quente e nos homeotermos. Os motores funcionam da mesma forma que os organismos... embora não com rendimento tão bom; nós externalizamos o ambiente interno, com seus ciclos de Carnot,* suas trocas efetivadas a uma certa distância do equilíbrio. Antes do engenheiro moderno, porém, o agricultor neolítico já tentava administrar a mistura sutil de calor, umidade e ventos necessária ao termidor e ao messidor.

Ao passar da energia comum para a neguentropia, esboçamos, enfim, os softwares que recebem, emitem, transmitem e traduzem a informação assim "como" os tecidos e o sistema nervoso. O telefone externaliza o ouvido e os clamores, o computador é extraído da cabeça, assim como o martelo do punho. Os instrumentos recentes resultam do mesmo fluxo que circula rumo ao cognitivo e retorna ao ser vivo. Passadas as técnicas agrícolas, de cultura da flora e da criação da fauna, as nano e biotecnologias retornam à reprodução, da qual acabo de sair juntamente com o oviduto dos pássaros.

---

* Sadi C. Carnot (1796-1832). Físico francês considerado o criador da termodinâmica. Em seu livro *Reflexões*, sobre o poder motor do fogo, enunciou o segundo princípio, cujas conseqüências foram cruciais para o progresso do conhecimento contemporâneo. (N.Ts.)

Origem do quase-objeto

Que tipo de relacionamento mantemos, então, com esses produtos novos que, incentivados por um treinamento multimilionário, fazemos nascer ou externalizamos? Tal como nos fatos já descritos, conhecidos por todos, nós os reincorporamos!

Não tenho nenhuma experiência em marcenaria ou como ferreiro, mas efetuo a dragagem dos pedregulhos no fundo dos rios, cultivo a terra, conduzo navios e escrevo livros. O balanço sob as pernas é como a dança do amor; protegida em sua concha, a vieira* possui uma parte semelhante que flutua no mar durante a ressaca? Os marinheiros e agricultores acariciam, forçam e penetram o fundo do rio e os sulcos na terra como se fossem sexos femininos, a eles se adaptando e obedecendo; grãos, palavras, pensamentos em profusão... secretados... surgem quase espermáticos... por meios das semeaduras. Escalem até o alto uma grua mecânica e experimentem com que rapidez, apoiados em suas longas patas, vocês se transformam na própria ave pernalta, que toma conta do espaço a partir de seu olho-habitáculo, usando o bico comprido que sai do longo pescoço para agarrar e largar o calcário argiloso e o cimento prestes a serem usados.

Sem demora, a relação com o artefato o retransubstancia em ser vivo. Quase animistas, nós o personalizamos: assim que muda de motorista, meu caminhão, ciumento, logo entra em pane; um automóvel dirigido por muitas mãos não dura nada e

---

* No original, *coquille Saint-Jacques*, símbolo da culinária francesa que se transformou em sinônimo de refinamento gastronômico. (N.Ts.)

é rejeitado como uma puta; eu adorava meu barco como uma amante violenta, exigente e doce. Quando retornam à sua origem corporal, os instrumentos se convertem em órgãos; não toquem em nada meu, recomenda o artesão... nem em meu computador, exige o escritor, não perturbem minha mente! O bebê suga e manipula a mamadeira como se ela fosse um seio, embora aparelhado do peito materno. A anatomia regurgita termos técnicos, da mesma forma que, no passado, as técnicas faziam uso abundante de palavras vitais: uma tradução na linguagem dessa proximidade animista, tanto em sua gênese como em sua prática.

Enfim, da mesma forma que na reprodução o objeto-ovo transita entre a mãe e a criança, assim também, quando alguém entrega a mamadeira, amovível, ao recém-nascido, já estabelece as relações familiares. Essa é a origem do quase-objeto... cachimbo da paz que passa entre mãos e lábios, bola, ficha, moedas, palavras e hóstia...

Retorno à origem das biotecnologias e da evolução

Assim como essas práticas, acompanhadas, porém, de uma eminente sofisticação, nossas biotecnologias simplesmente se reconciliam com a emergência orgânica e colossalmente primitiva de toda técnica? Elas também refluem para sua origem corporal? Provenientes dos órgãos... que sejam bem-vindas em seu retorno ao lar! É preciso ter esquecido a imitação do martelo ou a dos softwares... e a seleção dos criadores de gado para se surpreender com a engenharia genética a ponto de suspeitar de sua monstruosidade. Mesmo as máquinas mais simples nunca bifurcaram mais do que uma alavanca se bifurcou do cotovelo; o guindaste reproduz a articulação. O que fabricamos que a evolução já não tenha inventado? Tendo saído do ser vivo em direção ao inerte tecnicizado, a técnica considera o ser vivo algo passível de tecnização; externalizada a partir do cognitivo, a técnica depara com a inteligência artificial. Enfim, em seu sentido mais elevado, a produção retorna à reprodução, ou seja, segue duas vezes em direção à gênese: ao retornar à origem, tal como eu a descrevi, e pela decodificação dos genes.

Ainda ignorantes a respeito dessa segunda Grande Narrativa, a velha teoria dos animais-máquinas, o mecanismo utilizado pelos reducionistas atuais... paralisam essa longa duração. Eles reduzem esse processo a uma equivalência, embora sejam necessários dez bilhões de anos para que a evolução conduza o inerte ao ser vivo, em seguida, mais quinhentos milhões de anos para chegar do ser vivo até a técnica para, finalmente, nos dias de hoje, refluir em direção ao ser vivo e ao cognitivo. Quer seja no final da corrida ou durante o circuito, as biotecnologias retornam às origens vivas do tecnicismo. Em contrapartida, o tempo evolutivo converte-se em lento e gigantesco acontecimento fabricador: ele forma, contingentemente, os animais dotados de conchas, presas, bicos, de exoesqueletos... os processos de circulação de fluidos, de energia e de calor... os emissores, os transmissores e os transformadores de informação... o *Tempus faber* precede o *Homo* de mesmo nome que o imita como se lhe copiasse o gesto; ao participar de sua dança, nossos dez dedos já compreendiam a evolução criadora.

Avatares

Nós mesmos saímos da terra e dos metais, do calor e da informação, trabalhamos os metais e a terra, em seguida o fogo e os fluidos e, finalmente, as energias sutis... de forma semelhante à evolução. Assumimos as tarefas que ela realiza em nós e ao nosso redor. Em primeiro lugar: a saída do inerte; em sua evolução os seres vivos retornam a ele, arcaicamente no caso dos exoesqueletos ou das barragens, isso, porém, acontece no final da corrida e por meio de nossos instrumentos habituais. Em segundo lugar: depois de termos saído do ser vivo, pela externalização, nossos aparelhos retornam a ele por meio das biotecnologias. A técnica pode ser definida, então, como o inerte originário reinformado pelo (tempo do) ser vivo que, por vezes, retorna, como em um circuito, em direção ao próprio ser vivo, agora reinformado pela técnica. Esses retornos contribuem para demonstrar o caráter contingente e imprevisível do avanço próprio à evolução. Utilizado por duas vezes, o verbo reinformar exprime a importância do papel desempenhado pela informação: voltarei a isso.

Da mesma forma que o ser vivo retoma o inerte e, ao reinformá-lo, produz carapaças e conchas... todas elas manifestações artísticas preciosas nas quais se observam oclusões internas, espiralidades e quiralidades próprias à vida, assim, também, retomamos nossas articulações, nosso calor e nossas informações adquiridas por meio dos softwares, ou seja, nossas relações, para externalizá-las, imitando assim a produção e a reprodução dos seres vivos, mas de forma diversificada e difusa. Seria possível para nós, e ao contrário, conhecer o inerte e até mesmo o ser vivo sem modelos, métodos e sistemas técnicos? A técnica mistura de maneira variável o inerte, o ser vivo e a informação, todos três retornando continuamente um ao outro como em um ciclo, de acordo com o tempo evolutivo. O inerte, o ser vivo e a técnica convertem-se, assim, em avatares capazes de se metamorfosear entre si, no decorrer de um tempo colossal, como três variedades de um mesmo gênero comum a esses estados. Seria possível dar-lhes um nome?

Inversamente, a própria evolução, que começamos a suspeitar inicia-se a partir de todas as primeiras moléculas inertes, experimentadas, abandonadas, transformadas... sim, de certa forma mutantes e selecionadas, modela todos os estados de coisas. Teria ela começado, então, a partir do *big-bang*? Teria ela passado do domínio exclusivo do ser vivo à extensão da Grande Narrativa, incluindo-se aí a história e, sem dúvida, até mesmo o conhecimento? Nessa Narrativa flui uma "substância" que passa por quatro estados, inerte, vivo, técnico e imaterial, que nossas metafísicas distinguiam, mas que a duração mistura e modela.

Números, códigos e notas

Imaterial ou abstrato, o quarto estado, por vezes denominado mente e celebrado como a derradeira consagração das produções do entendimento humano ou da matéria bruta, ou, de acordo com esta ou aquela facção obstinada, como o primeiro projeto de um Deus pré-formador, constitui, no meu entender, embora paradoxalmente na opinião de muitos, a base comum do inerte — partículas, átomos, moléculas, cristal... —, do ser vivo e da técnica, uma "substância" comum aos três outros estados manifestados ao longo da evolução, construídos por meio de combinações e figuras... Todas as coisas surgem a partir de sinais gráficos: para explicar o que se passa dentro da Grande Narrativa, os cosmologistas, físicos e bioquímicos modernos associam-se aos antigos pitagóricos que viam números por toda parte. As palavras e coisas são codificadas em sinais gráficos e números, bits de informação ou pixels. Assistimos ao retorno do advento, mas dessa vez delimitado e em surdina...

O universo do fogo, as rochas e o os gelos dos planetas, o ar e a água, as moléculas que se replicam, as escamas dos répteis e as plumas dos pássaros, o encanto excepcional das mulheres e a ingenuidade inata das crianças, a faísca das forjas, os aviões e os computadores, as estátuas de mármore e as ondas sinfônicas... cristais, carne, artes e ofícios, belas-artes, até mesmo meu desejo, minha prece e meu êxtase... tudo se compõe do abstrato: supercordas e branas, espaços de múltiplas dimensões, excitações do campo quântico, curvaturas do espaço, figuras e simetrias, elementos de informação, pseudopontos, números, probabilidades de presença... a irradiação e a matéria resultam de um imaterial... Os elementos encadeiam-se para formar as coisas e o mundo por meio da troca de informação.

O conhecimento surge, então, a partir do que acontece na Grande Narrativa. Ele se submete seqüencialmente às cadeias temporais do mundo, faz parte delas, deixa-as, entende-as, imita-as, e atua de forma a constituí-las ou a refleti-las. Terminal, inicial, arborescente, inesperado, retomado, abandonado, ramificado, constituído de tentativas imprevisíveis em seqüências elementares de informação e de números, ele se associa às coisas constituídas de números e de informações. *Cogito*: o abstrato produtor do mundo encontra-se com o abstrato que me reconstitui. *Cogito*: geômetras e numéricos, meus ossos apóiam-se sobre a geometria e o número das coisas. *Cogito*: o abstrato que me faz passar da existência instável, frágil, sensível, raramente intuitiva e densa de inexistência, às coisas desagradáveis do mundo, passa pelo abstrato que faz o mundo transitar do nada à existência e, também, pela abstração que faz você mesmo passar da ausência à presença. *Cogito*: inundado até o pescoço de seqüências de informação, eu as insiro nas seqüências de informação das coisas, do mundo e dos outros.

Sem as adequações entre estas duas abstrações, a que me constitui e a que concebe o mundo, nenhuma ciência, conhecimento ou linguagem, rigorosos ou intuitivos, nem música, nem poesia, nem fé, nem amor... teriam nascido. Sem elas, a matemática não teria expressão universal; e nós permaneceríamos no mundo sempre como estrangeiros. Algo pensável, graças aos operadores imateriais que os constroem, a comunidade dos quatro estados varia na Grande Narrativa. Sobre ela, que pode ser esboçada *a parte post*, desencadeiam-se, imprevisíveis *a parte ante*, as bifurcações de cada estado: inerte, vivo, técnico...

O fato de o real nascer do formal é paradoxo que surpreende, mas que se desfaz rapidamente, assim que compreendemos que o abstrato se sustenta entre o nada e a existência e, ao transitar de um para o outro, atua como ponte entre os dois. Existiu algum dia outro estado de coisas? Certamente, aqui e agora, nem o conceito, nem o círculo, nem o conceito de círculo existem; quem pode afirmar, porém, que, de alguma forma, eles não existem? Alguns dizem até mesmo, e concordo com eles, que o círculo goza de uma existência real, embora não empírica. As entidades matemáticas existem amplamente nesse modo intermediário entre o nada e o sensível. A experiência das próprias coisas depara com constrições que comprovam sua existência; outras, ainda mais duras, que conduzem ao rigor da demonstração, persuadem o praticante acerca da inevitável existência dessas entidades. É sabido que esse modo abstrato de existência permite explicar o mundo real, o ser vivo, a técnica, e, por vezes, a beleza das culturas musicais, além de compreendê-las e aceitá-las. Além disso, ele constitui o tecido da realidade das coisas com o qual deparam o trabalho, a percepção e as condutas. Essa abstração faz com que eles percebam a realidade. Infinitamente sutil, o formal dá origem ao real.

O atual ramo tecnológico surge da soma desse real. Ao soletrar tantos alfabetos recombinamos suas notações gráficas ao bel-prazer. É dessa forma que nasce atualmente um número incontável de mundos possíveis. Isso é o que eu havia prometido demonstrar.

Naturança

Recentemente descrito, o verdadeiro conhecimento transubstancia seu objeto; tendo começado pela incorporação, ele termina quando, por meio da externalização, inventa; uma outra forma é extraída do corpo. Esse processo produtivo imita o processo de reprodução do ser vivo. A evolução da invenção técnica o retoma. A associação das três descrições insere o *Homo sapiens* num elã contínuo de vida, cognição e prática. Transformador e motor de metamorfoses, ele produz meninos e meninas, pensamentos e signos, instrumentos e máquinas... novos... todos eles criados por contingência. Naturantes, mundo e homem gritam de dor e de alegria na hora do parto.

Hoje

Como passar à soma atual de todas as coisas?

Aos olhos de quem atravessa a gigantesca ponte pela qual se transpõe o estreito de Corinto quando se vai de Antirion a Rion, na Grécia, passando sobre cidades soterradas por tremores de terra milenares, o farol e o castelo venezianos, vistos de cima, assemelham-se a casinhas de boneca. Nossas técnicas mudam de escala. Alguém da geração de meu pai embarcou no porto do Havre, a bordo de um barco a velas carregado com trezentas toneladas de cimento que se destinavam às ruínas do terremoto de São Francisco; os navios de hoje têm capacidade para um milhão de toneladas. Encontrados nas amostras de gelo recolhidas na Groenlândia, os efluentes da era do bronze contaminavam muito pouco o ar daquela época; milhares de automóveis obscurecem a atmosfera de Los Angeles. Como a demografia também mudou de escala, milhares de habitantes superpovoam a China e a Índia. O mesmo acontece com a

Internet no caso do espaço, a bomba atômica no da energia, o efeito estufa no da atmosfera... recentemente passamos a produzir objetos dos quais pelo menos uma dimensão cresce até atingir aquela que lhe corresponde no mundo; outrora compatíveis com as dimensões do corpo, as técnicas se globalizam: por causa disso, o planeta se revolta. De modo inverso a esses objetos-mundo, a aliança entre as nano e biotecnologias e a inteligência artificial modela instrumentos minúsculos de estatura atômica. Nascida dessas rápidas progressões em direção ao infinitamente grande e ao infinitamente pequeno, será que, nos dias de hoje, para compreender o real, a globalidade que mencionei nos supera, uma vez que, por si só, o quantitativo transforma a própria natureza dos problemas resolvidos ou sugeridos? Não apenas isso.

Como se pode lembrar, essa transformação total começa com três gêneses: códigos produtivos das moléculas de matéria; código genético do ser vivo; códigos ou pixels da informação. Ao conhecer seus alfabetos e combinar seus elementos produzimos feixes abertos de possíveis. A ciência das letras não implica a dos textos que elas podem criar; não se deduz uma partitura do solfejo. Estamos perdendo o domínio sobre nossas produções?

O falso mestre

Tendo chegado a esse ponto, arrisco-me a desenvolver uma narrativa das técnicas. Algumas ideologias acompanham seus próprios progressos. Entre elas, o pragmatismo celebra a mão e os artefatos dela extraídos. Acreditamos dominar esses gestos e suas ações. No entanto, a deterioração e o mau funcionamento nos advertem que, independente de nós, o objeto modelado goza de existência objetiva. Ele participa de um real que nos supera.

Vocês se lembram que, como numa dança amorosa, meu navio adquiria a autonomia de uma mulher. O milho foi plantado em outras regiões além do Chile. Fomos obrigados a domesticar o cavalo em um número muito maior de continentes do que o previsto por aquele que subjugou o animal. Inventado para limitar prudentemente a modificação genética a uma geração, o *Terminator* permite que os produtores de sementes subjuguem os agricultores. A *Odisséia* brada mais alto, por mais tempo e até mesmo melhor do que a gritaria de Homero. Quantas obras e resultados foram "desviados" de seu destino dessa maneira? Um texto publicado sai para buscar a sorte no mundo, assim como a vassoura do aprendiz de feiticeiro; interpretações mentirosas ou traduções inesperadas existem em grande quantidade. Pleyel não prevê Debussy nem Fauré. Concebido para que se pudesse ouvir ópera na sala de concertos, o telefone doravante serve para tudo, menos para sua finalidade inicial. Duro ou doce, algum dia dominamos o que fabricamos? Mesmo nesse caso deparamos com a contingência; ainda assim, o pai perde.

Por acreditar ter domínio sobre suas produções, o *Homo faber* surpreende-se quando, ao final, elas provocam conseqüências insólitas; escandaliza-se com o fato de que as coisas produzidas por suas mãos com uma intenção determinada tenham destino diferente do previsto: que ilusão de finalidade!

Ele, porém, jamais as teleguia com tanta facilidade; de um lado, consegue, por vezes, ter algum controle sobre elas, mas, do outro, são elas que dominam não apenas seu autor como também o meio ambiente. Vocês terão dificuldade de encontrar um único instrumento cujo futuro fluiu pelo canal previsto por seu inventor. A lição do aprendiz de feiticeiro reside no comportamento usual das coisas que fabricamos. Sua utilização nos supera. Sempre inventamos um pouco ou um excesso de automação. O alburno do cabo que eu talho comporta um real que reage segundo suas próprias leis e não as minhas. A folha de papel resiste ao escritor como uma criança teimosa. Quem pode pleitear ser a única causa de produções-efeitos resultantes exclusivamente de sua vontade? Essa independência atinge até mesmo projetos menos técnicos: são odiosos os desvios das instituições humanitárias; são ridículos aqueles que passam a ter medo dos ídolos que eles mesmos esculpiram. As matemáticas chegam ao cúmulo desse paradoxo; por ter saído revitalizada da cabeça de Tales, Gauss ou Poincaré, a geometria nos obriga, por isso, a pensar sobre aquilo que ela prescreve; mais do que isso, ela expressa objetivamente imensos fragmentos do real. A causalidade do produtor enfraquece.

Isso se verifica igualmente com o próprio Deus: Eva e Adão escapam de seu criador, e, devido ao pecado que cometeram e sua expulsão do paraíso, o casal sai em busca da liberdade. Dito de outra forma, a criação não implica necessariamente uma pré-formação. Das muitas teses enunciadas pelo que se denomina criacionismo, a mais improvável é aquela que programa *a priori* as condutas das criaturas. Se quiserem, conservem a criação, mas abandonem o pré-formacionismo.

Em conseqüência disso, celebrar a dominação da natureza dá margem a publicidade perigosa; o domínio do domínio, cuja fórmula propus, tentava administrar essas ilusões. É necessário nunca ter tido um instrumento em mãos para acreditar que ele é sempre fabricado para um uso e apenas um, claramente concebido, plenamente delimitado. Se uma alavanca serve para erguer, não consigo determinar o quê; montem um computador: a quem e como ele vai ser útil? Desde o tamanho das primeiras pedras, essa ilusão de finalidade foi erroneamente coroada pela hegemonia cartesiana ou pelo pragmatismo; abandonemos essas utopias. A narrativa das técnicas participa, então, da mesma contingência que a evolução.

Na verdade, exploramos lentamente as possibilidades de nossas fabricações. Acontece que tanto o artesão como o artista trabalham sem finalidade.

A evolução produz um produtor de evolução

Oriundas da vida, as técnicas a ela retornam, isso é algo que acredito poder afirmar. As bio e nanotecnologias inventam estruturas heteróclitas que imitam livremente a não-finalidade do ser vivo e da inteligência, cujo extenso leque de possibilidades é desconhecido daqueles que as promovem. Conseqüentemente, assumimos hoje, assim como fizemos desde a aurora dos tempos, um tipo de domínio sobre nossas produções que é desigual, frágil, com freqüência nulo e tão mutável quanto o princípio de razão. Salvo a escala, não há nada de novo sob o sol. Se nossos terrores, tão comuns nos dias de hoje, se devem menos aos riscos, cuja idéia pressupõe um controle insuficiente, do que a essa não-finalidade dos novos artefatos, podemos relativizar essas angústias à idéia de que as culturas passadas também não dominavam melhor as pseudofinalidades dos Antigos. O que muda é o tamanho, não a imprevisibilidade. Seres contingentes, fabricamos o contingente; a evolução nos produz como produtores de uma evolução.

Quando conciliamos mal a onisciência de Deus e a liberdade de suas criaturas, copiamos esse finalismo, mais do que o ato de fabricação. Ora, quanto mais nosso saber avança, mais constatamos nossa contingência, a do mundo e de nossas ações. Salvo no caso da extrema simplicidade, fizemos e faremos o imprevisto. Quanto mais nos aproximamos do Criador, menos imitamos a providência. Não pré-formamos nada nem ninguém: os melhores professores não formam papagaios, mas sim homens autônomos. As crianças desobedecem: *felix culpa*, essa venturosa falta, por vezes, lhes permite contornar os obstáculos acumulados por nossos formatos. O onisciente pré-formaria muito menos que um semi-hábil. Destacarei aqui a definição de nossa nova era: uma evolução contingente produz um produtor de evolução contingente.

Ética do leme: precaução e prudência

Desse semidomínio nascem nossas angústias perante as quais instituímos o princípio de precaução; ele decide as coisas com antecedência. Se existe um princípio que precede qualquer começo, ele corre o risco de asfixiar a obra. Pré-formacionista, ele se converte em pretexto para a imobilidade, uma espécie de sofisma preguiçoso. Deixemos de lado, então, os prefixos *prin* e *pré*, que são falsos e inúteis. Visto que tudo se move e pode ser negociado diante da contingência, é melhor que tudo varie como acontece com o domínio e o princípio de razão.

Inventemos, pois, uma ética à moda cibernética. De uma vez por todas e antes de mais nada, governemos as produções cujo comportamento jamais decidimos. Ao seguir os ensinamentos obtidos no curso de sua evolução, infletimos nossas decisões em tempo real praticando a prudência do piloto. Quando está no leme, ele governa o navio de acordo com suas próprias intenções ou as intenções da coletividade cujas determinações executa, sempre levando em conta, porém, as reações do mar, do vento, o estado do navio, sua dança com as ondas, o humor da tripulação, a idade do capitão... teimoso, ele mantém a rota, sem se deixar levar pelas quatro direções da rosa-dos-ventos, mas muda de rota se for necessário, faz escalas, coloca o navio fora de serviço ou se põe à deriva..., recupera seu ritmo, contorna os ciclones e a calmaria da bonança. Em resumo, ele comanda. Consciente da contingência do mundo, a prudência age segundo a lógica das modalidades.

No que concerne às coisas, a conduta científica e técnica assemelha-se àquela que os políticos dizem seguir em relação à sociedade constituída de Evas, Adãos e crianças turbulentas. Incessantemente estabelecida neste livro, a conexão entre o mundo e os homens remete novamente à moral. Praticaremos a ética política e objetiva que *O Contrato natural** projetou. Governaremos o planeta e a humanidade em virtude de uma única virtude. Como uma mistura de superfície ondulante e de estrada, o real responde às solicitações do piloto que calcula seu rumo, contingente e necessário, por um caminho possível que contorna as impossibilidades.

Morte no horizonte

Assim louvada, a prudência contempla a eventualidade do naufrágio: nem todas as novidades são convenientes. Podemos atualmente nos resignar diante do fracasso? A globalidade de nossos compromissos, os projetos de outros homens e mesmo as naturezas diferentes... se opõem a essa capitulação, isso porque colocamos em perigo não apenas essas existências locais, mas também o conjunto das condições de sobrevivência. Mais uma vez, nossos formatos dirigem-se para a morte, pela primeira vez global. Vemo-nos forçados a encontrar uma saída para escapar desse impasse letal, pois ainda estamos condenados a ressuscitar. Tentarei responder mais adiante às questões que envolvem essa governança dramática.

É verdade que todo começo surge a partir de um caule envelhecido, esgotado, agonizante, e que cada uma de nossas ressurgências produz seu ramo a partir dessa fatalidade. Por mais distante que remontemos no tempo, cada bifurcação da

---

* Michel Serres. *Le Contrat Naturel*. Paris, Éditions François Bourin, 1990; edição brasileira: *O Contrato Natural*. Tradução de Beatriz Sidou. Rio de Janeiro, Nova Fronteira, 1991. (N.Ts.)

Grande Narrativa abre uma saída semelhante: o Universo expande-se a partir de um ponto teórico, impensável para a ciência; a vida emerge do inerte; os pluricelulares nascem das primeiras bactérias; uma espécie entra em mutação a partir de uma precedente, menos adaptada; a cultura, por sua vez, é extraída da vida orgânica; o humano sai lentamente da animalidade... Essas bifurcações surgem como saídas de lugares antigos nos quais, se aí permanecesse, o novo ramo morreria. No tempo mais longo e mais autêntico, tudo o que existe, inclusive nós mesmos, surge sempre de um formato anterior no qual algum tipo de morte o teria vencido.

Quando ignorávamos a Grande Narrativa e a seqüência desses surgimentos, nós nos definíamos como "para-a-morte". Nosso saber sobre a natureza exige que, imitando-a, não cessemos de nos livrar dela. Toda existência provém de um nada. Na derradeira saída para além das constrições mortais: inertes, animais... nasce o homem. Ao assumir essa velha verdade, que já tem milhões de anos, mas que se renova a cada manhã, a filosofia muda de tom e anuncia essa saída da morte em direção à vida. Definam o homem como esperança de vida.

Sair de um lugar

Produtores e produtos, projetistas e prudentes, todos saímos da terra e do útero; a aurora nos liberta do sono, o amor nos livra do torpor e a invenção nos preserva dos dogmas. De acordo com nossas vontades ou nossos desejos, sobretudo para que nosso pensamento voe, por vezes, saímos dos hábitos e hoje, espero eu, saímos da história humana mortal, do Estado que faz a guerra, da guerra que faz os Estados, da genealogia do sangue e do solo, da grandiosidade dos estabelecimentos teatrais e letais e da libido de pertencimento... os monoteístas dizem: assim como Abraão deixou seu país e a casa de seu pai; os judeus dizem: assim como o povo eleito saiu do Egito; os romanos diziam: assim como Enéias escapou do inferno troiano; São Paulo: assim como o novo homem se vale da Lei, assim como Jesus Cristo ressuscitou do túmulo que, desde então, permanece vazio. A vida abandona seus obstáculos, suas cidades e suas proteções. O pensamento inventivo abandona os formatos. Nós nos afastamos do formato para existir; um afastamento do que é estável, do mundo e do próprio homem. Nós os refazemos continuamente, fizemos isso ainda nessa manhã. A Grande Narrativa só relata afastamentos e saídas. As coisas saem de nós assim como nós saímos das coisas.

Sair de onde? De um pertencimento, de um lugar. A litania dos lugares corresponde à litania dos recém-nascidos: Eva e Adão deixam o jardim primordial; o universo surge do nada, tendo como fundamento a barreira de Planck; Moisés deixa o Egito; o mutante bifurca-se de sua espécie; Jesus ressuscita do túmulo, lugar-imagem de todo lugar, pois neste mundo todo lugar indica o lugar de um túmulo; as culturas deixam a natureza, a ciência com freqüência contradiz a percepção comum; e, mais uma vez, a liberdade deixa a terra, o *pagus*, o quadrado no qual se cultiva a alfafa, país, pátria... lugar em que os pais enterraram seus pais, espaço de rituais fúnebres; o hominiano deixa o meio ambiente no qual os outros seres vivos constroem seus nichos, mas também esse lugar suplementar que designamos como lei, tradições, etnologia, coletivo, político... Saímos do massacre por meio do sacrifício, e, finalmente do sagrado que ele consagra por meio da santidade... Como numa procissão, a morte não cessa de alinhar esse conjunto de lugares particulares e locais... O que é a morte? Aquilo que ocupa o lugar: aqui jaz. Sair de onde? Do lugar. O túmulo indica um lugar. A morte indica o pertencimento e sua libido mortal: pertencer, morrer. O que significa um lugar? O local assinalado por um túmulo.

Vibrantes, agitados e nascentes... a vida e o pensamento se deslocam. O intuitivo e o inventivo livram-se do lugar. Antiga medida da Terra, a geometria deixa a agrimensura e inventa outro espaço. Sem domicílio fixo, o amor voa, ausenta-se dos lugares e os transcende (*Roma*, pp. 200-201). O lugar evidencia o ódio que não deixa o lugar. Deixamos atualmente os lugares do mundo e do homem, o conjunto integral de nossos pertencimentos e a soma dos mortos. Formato fundamental: lugar e local; seu conteúdo: ódio e violência. Ainda precisamos vencer a morte.

Intermezzo: *1944-2004*

Alguns dias depois do desembarque dos Aliados na Normandia, enquanto em terra e no mar a batalha multiplicava o número de cadáveres, militares, mas sobretudo civis, um Messerschmidt da força aérea alemã, pilotado por um comandante conhecido por suas vitórias na guerra de 1914, iniciou a caça a um bimotor da Real Força Aérea que cruzava aquelas paragens levando a bordo um aspirante de vinte anos, campeão em acrobacias aéreas. O que se seguiu foi um duelo frenético entre experiência e audácia em inúmeras proezas, onde os dois ases demonstraram sua aptidão, coragem e tenacidade. A luta de morte terminou com a explosão quase simultânea das duas aeronaves. Ao lado das duas nuvens de fogo, dois pára-quedas se abriram e, por acaso, os adversários atingiram o solo sobre o mesmo rochedo exíguo, situado a uma longa distância do litoral. Obrigados pelas circunstâncias a permanecer um na companhia do outro, o alemão, que devido aos quatro anos de ocupação falava francês, começou a interrogar o jovem inglês, que acabara de aprender a língua, a respeito do número de cavalos de seu motor e a velocidade de ponta no momento de virar; o jovem piloto, por sua vez, encheu seu colega de cabelos grisalhos de perguntas sobre os velames e ailerons dos aviões de outrora; iniciou-se uma ardorosa discussão sobre piques, retomadas e ascensões verticais, ângulos de tiro e, sobretudo, sobre os novos motores dos V2. Desse modo, apaixonados por mecânica, eles concordaram em estabelecer querelas por razões fúteis, uma antiga prática contra as novidades.

Na hora do crepúsculo, devido à maré baixa, abriu-se um caminho até a terra firme. Em meio a calorosa discussão sobre hélices, fuselagens e carlingas, os dois encontraram um refúgio. Já noite cerrada, caminharam às cegas por um bosque sombrio e seguiram na direção do que pareciam ser gritos e clamores. Surpresos, chegaram a uma fazenda distante na floresta, onde, apesar das circunstâncias, celebrava-se um casamento. Ensangüentados, empoeirados e sujos de graxa, os dois fantasmas apareceram diante da mesa repleta de lagostas e garrafas de bebida, arrumada em pleno ar livre diante do celeiro, entre tochas e lampiões. Medrosos e hospitaleiros, os meeiros do local oferecerem aos duelistas um pouco de água do lavatório, duas toalhas, um sabonete de Marselha, cidra, um queijo conhecido como *pont-l'évêque* e calvados, aguardente feita de maçã; a convite dos camponeses, dançaram ao som do acordeão e dos sorrisos alegres das moças. No dia seguinte, ao meio-dia, os dois despertaram com cara de bobos depois de memorável bebedeira.

A amizade entre eles permaneceu intacta durante várias décadas.

Retomada: a concordância

Como sair da morte? Tento responder a essa pergunta e termino este livro retornando à sua segunda intenção. Como, afinal, ainda é possível que narrativas e rebeliões, adventos e saídas sejam convenientes tanto às ciências, como a astrofísica ou a bioquímica, quanto às artes, à religião, à história, ao cotidiano e às surpresas do amor... sem distinção, enquanto nossos formatos separam cuidadosamente essas formações culturais que, em instituições distantes, formam grupos em segregação?

A nova concordância global seria anunciada por acaso no momento em que, diante da globalidade mundial de nossas produções, precisamos dela? Ela começou quando as chamadas ciências duras não se limitavam mais a fazer a pergunta: *como?* definida pelo positivismo, e a excluir a questão: *por quê?*, e não consideravam mais seus objetos somente do ponto de vista das leis de seu funcionamento. A partir do século XIX, no que diz respeito à Terra e aos fósseis, surge a questão: *quando?* ou *desde quando?* Lentamente, todas essas ciências também consideraram seus objetos memórias fugidias, sob outros códigos diferentes dos da linguagem; elas decifraram a idade do universo, dos planetas e dos seres vivos... a partir de arquivos, mudos certamente, mas novamente legíveis e, com freqüência, contendo vestígios da origem. Quando o positivismo separa as ciências dos mitos e da metafísica, ele opõe as explicações de um saber exato e falsificável aos deuses e à natureza. Com toda razão, a dita natureza lhes parece, e a nós também, um fetiche vazio; o mesmo termo, porém, descreve literalmente e às mil maravilhas o processo de nascimento e desenvolvimento, doravante acompanhado pela maior parte dos saberes. Do *big-bang* à explosão do Cambriano, da acreção da Terra aos primeiros humanóides, as ciências contemporâneas datam quase todas do advento de seus objetos. Daí se origina sua conexão inesperada, concordância e discordância, com as grandes narrativas das religiões e os pequenos avatares da história.

Ora, a partir do momento em que a questão "naturante" *desde quando?* encontrou respostas e foi associada à pergunta *como?* que, evidentemente, é sempre feita, as ciências não podem deixar de deparar com a questão *qual?* ou *quem?*, quero dizer, com a questão da qualidade individual do objeto que nasceu dessa forma e nesses tempos, uma outra maneira de afirmar sua "natureza". No decorrer da Grande Narrativa, surge uma determinada constante, um certo planeta... com características próprias, uma espécie que sofreu mutação ou adaptação... não aquela, mas esta. Conseqüentemente, uma nova questão acrescenta-se às primeiras: *por que aquela e não outra?*

Outrora subjugadas à necessidade, as ciências descobrem, então, a contingência. O Universo, a Terra, os seres vivos e o próprio homem poderiam não ter nascido, ou ter nascido e se desenvolvido de outra forma. Outrora apoiados na ontologia e nas lógicas comuns, eles agora pisam sobre o terreno das lógicas modais nas quais interferem os possíveis e a virtualidade. Em favor da contingência, surge novamente a questão *por quê?* afastada pela ciência dos nossos pais: *por que esse universo e não outro, este ser vivo e não aquele?* Preterido no passado em prol do geral, o indivíduo retorna de qualquer forma: *quem?* ou *que outro?* Com efeito, outros possíveis poderiam ter nascido. Por que este detalhe individual mais do que aquele?

No final das contas, não há mais uma natureza, mas várias; não existe mais este, mas uma multiplicidade de indivíduos possíveis. Passamos da natureza naturada, das coisas nascidas e, por isso, inevitáveis, à natureza naturante: ao virtual que está para nascer. Daí surge a nova questão: *desde então, por que não fazer nascer esse ou outro desses mundos, essa ou outra dessas moléculas, não reais, seres vivos não nascidos... qual desses homens desconhecidos?* A questão *por quê?*, outrora preterida em razão de sua finalidade, depois de retomada, é feita menos no caso de um real, doravante assumido como contingente, do que pelas intenções que presidem nossas próprias decisões no que se refere ao possível. Com que objetivo, quando, e se puderem, vocês desejam fabricar esse outro? Questão global do novo produtor de evolução.

A novidade política?

O nascimento dessa concordância é decorrência disto: da mesma forma que, em prol do tempo redescoberto, a Grande Narrativa religava as ciências com a religião e a história, por meio dessas novas questões, essa escolha contingente de possíveis religa o saber duro, maduro e tranqüilo com o romance, a literatura e o direito. Os cientistas acreditam no real da mesma forma que os romancistas, jornalistas, poetas, juristas e filósofos; um novo acordo interliga essas ações à moral e à política. No momento em que o imaginário penetrar no factual, o trágico se apresentará: no leque de nascimentos possíveis, perfila-se a sombra de morte. Se somos capazes de promover os adventos, como negociar as finalidades que, sem dúvida, se seguirão a eles? Se ajudarmos a natureza a nascer, será que teremos controle sobre a desnaturação? Como os cientistas de todos os países não são mais suficientes, todo mundo pode e deve responder a estas últimas questões, tanto religiosos como juristas, tanto especialistas de todas as culturas como os ignorantes de todas as latitudes. Entre os possíveis acessíveis, qual o mundo novo que todos nós desejamos, que tipo de seres vivos, que espécie de homens?

Essa é a razão pela qual citei São Paulo, que, assim como nós, viu morrer um mundo, ansioso para promover um novo; ao formar, como se faz aqui, um pensamento global sobre o advento, ele inventou um sujeito apropriado para vencer a morte. Preocupados com as mesmas questões, fazemos confluir todas as formações culturais para fundar, uma vez mais, um

sujeito global, uma outra sociedade cognitiva, ativa e responsável, em suma, uma política. Amanhã seremos obrigados a tratar do poder.

Três razões para o acordo

Finalmente, três razões concorrem para a mesma concordância. Já mencionei a primeira, que é ontológica: com gestos
semelhantes, fabricamos homens e mundos possíveis por meio
de códigos... notas, números, átomos, letras, genes... não importa
qual seja seu destino. A segunda refere-se aos métodos e à obje-
tividade. De bom grado, as ciências humanas relatam que as
ciências objetivas se constroem no decorrer de um tempo contingente, no meio de coletivos trespassados por conflitos políticos e constituídos de indivíduos caprichosos que vivem entre-
gues às circunstâncias dos acontecimentos; isso é certo, mas
como viver e pensar de outra maneira? Será que esse argumen-
to invalida seus objetivos? Inserir um sistema rigoroso numa
história contingente de indivíduos subjetivos e políticas singulares relativizaria os resultados? Existiria uma tensão entre a
constância das leis e a história flutuante, os casos e generalida-
des? Pode-se reduzi-la?

Sim. Mesmo que as ciências duras proponham dez métodos para analisar os conteúdos temporais, até agora próprios às
ciências sociais, elas continuam a opor sua perspectiva histórica a um rigor que não compreenderia, nem poderia jamais for-
çar, a margem dos adventos, dos acontecimentos, das aleatorie-

dades, imprevisibilidades...detalhes e singularidades que abundam nos assuntos políticos. Com freqüência esse pretenso rigor se reduz a uma idéia preconcebida e, o que é pior, muito antiga, que os praticantes das ciências doces fazem a respeito das ciências que, doravante, são falsamente denominadas duras.

Isso porque, estas últimas, repito, invadem dezenas de domínios temporais: datam seus objetos bem melhor do que as ciências históricas; ao determinar a Grande Narrativa, elas exibem ali uma duração que nenhuma outra narrativa foi capaz de conceber; sua nova flexibilidade integra contingência e mudança; elas provocam o surgimento do indivíduo, do caso, do detalhe e da paisagem: encontram-se, portanto, no terreno da historicidade. Os quatro conceitos da lógica modal: impossível, necessário/possível, contingente... opunham esses saberes aos pares; de agora em diante eles os reúnem. Com freqüência, o que as ciências humanas denominavam história se converte em ciência e o que as ciências duras denominavam ciência, por vezes, se transforma em história.

Razão de ser deste livro e de sua imagem mais significativa: o tronco ou caule da arborescência representa a "dureza": sempre eficaz e até mesmo necessário, o formato representa a exatidão das medidas e das leis. Nenhuma ciência, nenhuma educação, nenhuma obra podem prescindir dele. Entretanto, o ramo pontiagudo e penetrante que surge dele, livre de seus interditos, liberto do grupo ao qual pode associar-se, faz surgir o imprevisível no qual a novidade aparece. Terminarei neste ponto, o que parece resolver nossas dificuldades. A partir dele afirmo que o indivíduo substitui o esquema e a paisagem recobre de verde o mapa geográfico... Esse é o lugar duplamente novo da articulação progressiva das duas ciências. Como forma de compensação, do restabelecimento dessas duas ciências se deduz a política pluralista da decisão evocada anteriormente.

Mudança de conhecimento

A terceira razão refere-se, portanto, ao cognitivo: em parte graças aos computadores, o conhecimento muda. Por vezes, a linguagem procedural substitui a declarativa ou pelo menos a completa; por vezes, também, o pensamento algorítmico pelo menos substitui o pensamento conceitual e o equilíbrio.

Definamos claramente as palavras dessa frase enigmática: o declarativo ou conceitual inventa as idéias, define-as claramente e, ao guiar-se pela seqüência de causas e efeitos, adota o princípio de razão em sua versão invariável. Passo a passo, o algorítmico ou procedural constrói acontecimentos e singularidades e entra no detalhe por séries de circunstâncias e tempos. Abstrato, o primeiro demonstra; individual, o segundo relata. Exemplo: com a Grande Narrativa que os resume e faz surgir seus objetos como se fossem acontecimentos datados, as ciências exatas, que até ontem se dedicavam exclusivamente ao pensamento declarativo e aos conceitos, exibem um algoritmo arborescente cujo desenvolvimento transforma lentamente o formato em advento e o caule em ramos: ao descrever esses dois elementos da arborescência, estas páginas bífidas enxertam o procedural no declarativo.

Até recentemente, não sabíamos medir, calcular ou pensar... sem conceito, sem sua definição e campo de aplicação, sem sua extensão e compreensão. O pensamento é uma forma abstrata e vazia, que preenchemos com intuições sensíveis; claro e genérico, ele compreende inumeráveis casos particulares, cujos detalhes, maculados por aspectos obscuros, aperfeiçoamos. Por exemplo, a palavra e a idéia de círculo, em sua clareza completa, incluem de uma só vez todas as esferas imperfeitas e formas circulares escalenas encontradas no cotidiano. Benefícios tangíveis desse declarativo: clareza, economia de pensamento e memória instantânea. A filosofia e as ciências, em suma, o cognitivo ocidental, nasceram dessa idéia platônica nas cercanias de Atenas. Quem pode prescindir de seu formato?

Desde que começamos a trabalhar nas telas dos monitores, deixamos para as máquinas uma parte do trabalho de enunciação, controle e memória. Rápida, a eletrônica navega por tantas esferas quanto se possa imaginar e dissipa-as de tal maneira que a economia mnemônica do conceito apresenta menos benefícios. Em parte, nós nos libertamos desse pertencimento formal. A velha imagem da clareza do conceito desloca-se da limpidez para a velocidade: para compreender os milhares de exemplos, cuja memória ultra-econômica abandonamos um pouco, não precisamos tanto dos conceitos. Inscritos na máquina, procedimentos algorítmicos incontáveis permitem construir e imaginar diretamente a riqueza e os detalhes das singularidades, a partir de agora não mais aperfeiçoadas. Abandonado pelo declarativo, o indivíduo ressuscita, saturado de modos e circunstâncias, passa por mil acontecimentos, surpreso com as novidades e dotado de uma nova universalidade; neste livro procedural as páginas são pródigas em narrativas e pessoas.

Circulamos a distância do antigo formato. Outrora e recentemente, víamos as singularidades distribuídas sobre o fundo conceitual de nossas declarações com a ajuda de uma luneta, assim como fazemos para observar estrelas distantes no firmamento noturno; doravante, consideramos o conceito mais como uma pobre concha jogada de um lado para o outro na paisagem densa. No prefácio do livro *Paysage des sciences* (pp. I-LXX) [Paisagem das ciências], descrevi minuciosamente a recente entrada do detalhe nos antigos mapas, planos e vazios, e o triunfo das imagens sobre os esquemas, em suma, as ramificações do saber contemporâneo que seguem rumo a infinitos lugares frondosos. Por exemplo, ao comparar as antigas imagens da falha de San Andreas* com as que se encontram disponíveis atualmente, uma simples linha geométrica desaparece para dar lugar a um recorte constituído de uma infinidade de pequenas falhas; os manuais de anatomia transitam dos esquemas abstratos aos IRM** individuais, nos quais se pode ver a coxa de uma determinada jovem ou o ombro de um velho; os manuais de cosmografia deixam de lado os mapas simplistas do céu pelas fotografias individuais de cada planeta, situados a certa latitude, ou fotos de um determinado choque galático... Algumas biotecnologias elaboram tratamentos que reconhe-

---

* A falha de San Adreas é uma fenda geológica que se estende ao longo de 1.290km através da Califórnia. Marca um limite entre a placa do Pacífico e a placa norte-americana. Tornou-se conhecida por produzir terremotos devastadores como o que destruiu a cidade de São Francisco no início do século XX. Devido à tectônica das placas, a falha pode vir a produzir a separação do estado de Califórnia do restante do continente americano. (N.Ts.)

** IRM — Imagerie par Résonance Magnétique. [Conjunto de imagens por ressonância magnética] (N.Ts.)

cem o paciente a fim de curar seu mal específico. O concreto colorido surge do abstrato cinzento; o múltiplo escapa de um deles, da mesma forma que um bando de pombas foge da cartola do ilusionista; a vida ressuscita do formato.

O conceito assemelha-se a uma caixa cujo nome identifica a madeira de que é feita: percebam sua dureza. Cavidade porosa e elástica, menos exclusiva, a singularidade distende-se, esburacada, misturada, tigrada e zebrada. O conceito inclina-se mais para o lado da geometria; a singularidade tende para a topologia; um é sólido; o outro maleável até quase a fluidez. Uma caixa jamais contém todas as caixas... Se existe uma maneira de colocar várias delas numa só, vocês raramente encontrarão duas... daí a caixa única, o excesso de força aplicado... enquanto isso, vocês podem enfiar três, dez, cem sacos de pano amarfanhados num saco qualquer. A antiga ciência pratica as caixas rígidas; a nova, os sacos de pano macios. Do caule declarativo surgem os ramos procedurais delicados e múltiplos.

Três cidades-formatos

Passemos das imagens às antigas cidades simbólicas: tendo estudado em Jerusalém, passado por Atenas e morrido em Roma, São Paulo viaja por um triângulo traçado por essas três cidades-formatos da Antigüidade. Nossos ouvidos contemporâneos, porém, ouvem a cidade santa semita ecoar na grande narrativa bíblica, já algorítmica, que, nesses relatos, demonstra uma inclinação pelos indivíduos e seus procedimentos singulares. Inversamente, quando compreendemos, fazemos isso, ainda hoje, seguindo o exemplo de Atenas, que se dedicava ao declarativo. Nesse jogo, enquanto Atenas codifica suas *Doze Tábuas*, onde se encontra Roma?

Assim como sua pessoa e suas viagens, as Epístolas de São Paulo estabelecem um novo equilíbrio, embora frágil, entre Atenas e Jerusalém, entre o pensamento conceitual e o desenvolvimento algorítmico. Sob nova forma literária e como parte de uma autobiografia individual, ele inventa conceitos para compreender o advento que recria sua vida e relata o advento de uma outra vida de imortalidade, a ressurreição de Jesus Cristo, nome próprio cujo traço-de-união* associa o hebreu ao grego e o declarativo ao algoritmo. Hoje vivemos um outro ato dessa aliança cognitiva. O primeiro ato nasceu na pessoa e nas obras semijudaicas, semigregas, semicircunstanciais e semiteológicas de São Paulo, nas quais o conceitual contribui com a narrativa e a narrativa colabora com a noção.

Sem dúvida alguma, o autor das Epístolas morre em Roma, onde o cristianismo se instala e continuará a viver; por razões circunstanciais, assim como São Paulo, ele deixa Jerusalém e encontra dificuldade em chegar a Atenas. O conceito à maneira grega afasta-se mais dos algoritmos semitas da narrativa e dos acontecimentos do que o formato do direito romano, no qual, mais tarde, os casos individuais e a jurisprudência darão origem à álgebra do Renascimento; ainda melhor, como uma singularidade vazia e formal, o sujeito de direito contribui para o nascimento do sujeito pauliniano, da mesma forma que a adoção romana colabora com o aniquilamento da genealogia do sangue. Do ponto de vista cognitivo, Roma aproxima-se mais de Jerusalém do que de Atenas.

---

* Em francês: *Jésus-Christ.* (N.Ts.)

Durante quatro milênios, a filosofia, a teologia e as ciências ocidentais descenderam de Atenas, manancial de conceitos, e não de outras duas cidades, fontes de histórias, de narrativas, de casos de jurisprudência e de seqüências algorítmicas. As cidades não se compreendem. Educado desde jovem de acordo com os conceitos à maneira grega, durante toda vida fracassei em compreender os adventos e singularidades das narrativas religiosas, assim como, mais recentemente, em avaliar a novidade da Grande Narrativa e o surgimento de seus ramos. Meus *insights* conceituais deixavam na obscuridade os algoritmos provenientes de Roma ou de Jerusalém. Nossos saberes contemporâneos conseguiram, finalmente, compreendê-los e expressar suas riquezas cognitivas. Outrora líder incontestável, Atenas retrocede. Em nossa nova cognição os três afluentes confluem, as três cidades convergem no momento exato de se fundirem ao universal.

Um outro intermezzo

Entre o século I e o dia de hoje, Leibniz e Pascal já praticavam uma espécie de equilíbrio pauliniano entre a invenção de conceitos e a de narrativas a respeito das singularidades. Ambos são inventores da primeira máquina de calcular, autores do algoritmo infinitesimal e desenhistas de processos como os do triângulo aritmético ou harmônico, que narram infatigavelmente: um deles relata a história de Martin Guerre ou os gêmeos poloneses, que Christiane Frémont esclarece de forma maravilhosa, o outro nos diverte ao descrever o homem solitário em seu quarto, ou o equilibrista sobre sua prancha... Ao construírem procedimentos que convertem um indivíduo singular num universal encarnado, indicam a orientação contemporânea para a síntese entre a matemática universal e a metafísica do indivíduo, síntese-fonte da nova concordância.

São Paulo anuncia a primeira, Leibniz e Pascal preparam a nossa. Quando, como indivíduo perdido e hesitante, vagueio lentamente pelo mundo e renuncio a essas três cidades em prol do universal, meu relato é procedural; era assim que eu falava de São Paulo. Quando evoco o algoritmo como um conjunto de narrativas possíveis, o que declaro se torna verdadeiro. Por meio dessas aproximações cruzadas, este livro tenta, mais uma vez e por hoje, reunir a matemática universal, caule-pai, à metafísica do indivíduo, ramo-filho.

Confissão

Confesso jamais ter compreendido os Atos dos Apóstolos nem os Evangelhos, ou qualquer narrativa literária desse tipo. Devotados à idolatria e educados de acordo com as idéias gregas, nós os entendemos ou desprezamos ao usar apenas os termos da língua helênica: alegorias, parábolas, analogias, metáforas, símbolos... análise, hermenêutica... mitos, teologia... Tocamos piano com luvas de boxe?

A cena do *Ménon*,* na qual, com sua arrogância, Sócrates humilha o escravo por causa da diagonal e a dissimulação do algoritmo de Euclides entre os *Elementos*... demonstram como o

---

* O *Ménon*, ou *Menão*, é um diálogo de Platão no qual se indaga se a virtude pode ser ensinada. Discute-se também a origem do conhecimento e aventa-se a hipótese de que ele se encontra latente na alma. *Obras completas de Platão*, vols. 1-2, em que se encontram também a *Apologia* de Sócrates, Critão, Hípias Maior e outros.

pensamento grego recalcou os determinismos provenientes da tradição do Crescente Fértil. Essa tradição retornou por meio dos saberes e das práticas: posição das operações aritméticas, álgebra, cálculo infinitesimal... e se impõe atualmente por meio da informática. Conseqüentemente, no Ocidente, o desprezo usual pelas religiões que comumente descendem das tradições semitas provém menos de razões críticas ou do ateísmo do que da habitual cegueira de uma cultura em relação à outra. Visto que não aceitava considerar a singularidade, salvo sob a condição de que ela pertencesse a uma generalidade, ou seja, de destruí-la, e que não entendia o acontecimento exceto sob a condição de submetê-lo a uma lei, ou seja, de esvaziá-lo de seu valor, o pensamento conceitual anulava a especificidade do pensamento algorítmico e remontava, tanto no passado como mais recentemente, aos procedimentos comerciais ou operacionais, ressurgindo, porém, em nossas máquinas e outras novidades cognitivas. Depois de associar os dois gestos e deixar de lado o desprezo cultivado entre culturas vizinhas, o conhecimento contemporâneo pode, pela primeira vez, pensar o conceito e a narrativa, a lógica e a literatura, a ciência e a religião, em conjunto.

Melhor ainda, seria possível ter acesso ao universal unicamente por meio do conceito? Muito pelo contrário, o pensamento conceitual não tem muito sucesso quando, ao ser obrigado a pensar no conjunto de todos os conjuntos, ele depara com um paradoxo. Ao encadear as operações e avançar de

---

Diálogos de Platão. 14 volumes. Tradução direta do grego Carlos Alberto Nunes. Coordenação Benedito Nunes. Belém, Editora da Universidade Federal do Pará, 2000. (N.Ts.)

advento em advento, o pensamento algorítmico, ao contrário, constrói singularidades como Jesus Cristo, o Aborto,* Michel de Montaigne, Martin Guerre... nos quais o universal se encarna. Enquanto isso, ao observar uma única estrela lançar seus raios de luz sobre o planeta, a partir de um ponto qualquer do espaço, todo mundo entende que, de todos os pontos do espaço, uma estrela pode lançar seus raios em direção a todos os outros pontos. Ao ser tocado por essa luz, qualquer um pode compreender esse fato, sem nenhuma abstração prévia.

"Os outros formam o homem, eu o afirmo", escreveu Montaigne: os outros formatam o homem, eu o exalto e relato suas circunstâncias e adventos de acordo com a inconstância do tempo. Num extremo, São Paulo: os antigos formatos inseriram o homem dentro da lei, do conceito e do direito, eu o evoco em nome do Ressuscitado. No outro extremo e à semelhança desses esforços, hoje nossos novos ramos cognitivos narram incontáveis singularidades e incitam o renascimento dos ramos adormecidos nas formas da informação. Já faz muito tempo que existem sobre o homem alguns poucos conceitos e muitas narrativas; a partir dessa manhã há conceito, muito, e narrativa também; do humano e do natural, há ciência e literatura, caules e ramos. É esse o sentido da recuperação contemporânea: estável e inconstante, sólida e fluida, formato e novidade... narrativa e idéia, procedural e declarativa, algorítmica e conceitual.

Será que, no final, retornaremos irreversivelmente a um formato? Qual? Montaigne conclui com sua célebre fórmula:

---

* Michel Serres refere-se ao livro de Alain Decaux, *L'Avorton de Dieu, une vie de Saint Paul* [O aborto de Deus, uma vida de São Paulo]. Paris, Édition de l'Herne, 2005. (N.Ts.)

"Cada homem contém a forma inteira da condição humana." Incandescente, ele perde todo pertencimento, origem de todo mal do mundo. Universal e vazia, essa forma abandona todo formato.

Contrato virtual

Que ninguém se engane com isso: o exemplo singular, o advento, o indivíduo, o contingente e a novidade visam tanto ao universal quanto aos formatos formais. Em dignidade, o saber da contingência iguala-se ao saber da necessidade. Mais satisfatório ainda, nada resiste melhor ao universal do formato do que o do ramo. Por isso, ainda há luz no fim do túnel de morte. Vocês se lembram do risco zero, essa asneira estatística? A mais generosa das ações, o mais eficaz dos remédios... implicam um aspecto maldito: a lei dos grandes números traz consigo a catástrofe. A mais delicada das máquinas não está livre de provocar acidentes. O melhor dos mundos combina o Mal com a Criação. Essa é a razão pela qual o próprio Deus compareceu ao tribunal da teodicéia. A morte adere-se à dobra secreta do pensamento conceitual.

Na nova cognição, o universal e o existencial manifestam igual dignidade. Haveria apenas um morto, e nós não o suportamos mais. Aceitamos a razão, mas sem crime, o formato, mas sem vítima. O Bom Pastor deixa seu rebanho para buscar a ovelha perdida. O universal do indivíduo completa, simetriza, compensa e, literalmente, absorve o universal do conceito. Só caminharemos rumo à globalização se avançarmos igualmente e na mesma velocidade em direção ao indivíduo; a razão deverá cultivar o detalhe da paisagem, a diversidade do ser vivo e a pessoa reconhecida como um universal. Atualmente, a existência contingente trava a última batalha do hominiano pela imortalidade.

Vocês já notaram que os medicamentos mais recentes adaptam-se a cada pessoa individualmente? É impossível fazer uma estatística desse tratamento inocente, isso porque cada intervenção assemelha-se a uma narrativa original. O cientista-médico deixa a posição-pai pela de irmão: ele diz, eu o reconheço como singular, não como um objeto de minha ação ou uma aplicação do remédio. Com isso, a intenção de fabricar o humano ainda segue os antigos projetos nos quais apenas o pai decidia, enquanto o filho, doravante sentado à sua direita, existe, e é livre para viver. Aqui, a moral consiste em escutar o filho. Como fazer, porém, para conceder os direitos a todos os filhos que ainda estão por nascer?

Para escândalo de muitos, propus recentemente conceder à "natureza" o estatuto de sujeito de direito. Entendam o termo no sentido exato: as coisas e pessoas ainda por nascer. Reconheçamos o contrato natural com as filhas e filhos, *naturae* e *naturi*, aquelas e aqueles que pertencem às gerações futuras. Audaz e complementar, o mesmo estatuto de sujeito de direito estende-se aos possíveis, *natura,* e às coisas que estão por vir. Respondamos todos às questões inflamadas, claro que caso a caso, mas sob a garantia desse contrato virtual.

Seu recente retorno ao indivíduo e à contingência conduz a ciência à posição-filho; conseqüentemente, pelo fato de não decidir as coisas sozinha, quando se trata de sua regulação, ela exige a opinião de todos; em posição-pai, ela entra, como já mencionei, em um jogo no qual interferem os fatores cognitivo, ético e sociopolítico; convidar as gerações futuras para esse jogo não teria nenhum sentido se esses mundos possíveis e esses homens, que estão por nascer, não obtivessem o estatuto de sujeito de direito e se não assinássemos com eles, mesmo que não estejam presentes, um contrato, condição transcendental de conhecimento e de ação. Todo mundo tem seu lugar no tribunal que tomará decisões a respeito desses nascimentos: público, pacientes, políticos, mídias, juristas, religiosos... reais e virtuais. O sujeito do saber e das técnicas universaliza-se na concordância.

No método, o conceito dialoga com o indivíduo, assim como na política o cientista conversa com o público, o pai com o filho, e, em geral, o real com o possível, o necessário com o contingente e o homem com o mundo. Existencial, este livro celebra esse novo contrato.

Projeto

No fundo de uma barca, sobre o lago de Bienne, entre o céu e a água, entre os pássaros e a vegetação o solitário Jean-Jacques sente sua existência; cidadão de Genebra, Rousseau assina o *Contrato social*, pelo menos virtualmente, com seus pares, presentes ou passados. Na natureza não há multidão nem Estado; no direito não existe flora nem fauna. De um lado, as coisas; do outro, os homens. Hoje em dia, vivemos obcecados por esse perigoso divórcio acosmista: a história esquece a geografia e nem as ciências sociais nem a política se preocupam com o planeta. Atualmente, não apenas habitamos o planeta como tecemos com ele laços tão globais e cerrados que ele passa a fazer parte de nossos contratos.

ONU, OMS, Otan, FAO, Unesco, Cruz-Vermelha, Banco Mundial... as organizações internacionais encarregam-se de nossas relações como se não habitássemos nem transformássemos a Terra. Nossos conflitos costumam ocupar o solo, apropriar-se das nascentes de água, dos poços de petróleo, das sementes e das espécies, além de acreditar que têm o direito de tratar a atmosfera como uma lata de lixo... Se, assim como os animais, emporcalhamos o lugar que desejamos transformar em nosso nicho exclusivo, a poluição mundial representa o ponto máximo — e, sem dúvida, o fim — da apropriação. Devemos conceber uma nova instituição que poderia ser chamada de *Wafel* [*Water* (água), *Air* (ar), *Fire* (fogo), *Earth* (Terra), *Life* (vida)], na qual o *Homo politicus* acolheria os elementos e os seres vivos, quase-sujeitos não apropriáveis porque formam o hábitat comum da humanidade. Sob risco iminente de morte, precisamos decidir a paz entre nós para salvaguardar o mundo e a paz com o mundo a fim de nos salvar.

Encaminhamento

Vivemos atualmente um tríplice ramo de novidades de envergadura espaço-temporal e humana global: a Grande Narrativa conecta a história ao tempo e aos acontecimentos contingentes do Universo; em meio a essa Narrativa, mais uma vez circunstancial e contingente, o advento do *sapiens sapiens* unifica a espécie, data suas origens, abre sua genealogia, escande sua propagação no mundo, e a diversidade de suas culturas transforma a humanidade numa única família. Fim dos pertencimentos: não existe mais Norte, Sul, nem Oriente ou Ocidente, nem ricos nem miseráveis e, independentemente da cultura da qual se prevalecem, existem apenas sujeitos-irmãos oriundos de um tronco africano que, em virtude dos poderes adquiridos, são responsáveis em conjunto pelo homem, pelo universo e por sua evolução comum.

Alcançamos os limites da visão projetada por São Paulo, que eu saiba, um dos raros filósofos a ter pensado simultaneamente na novidade como tal, no acontecimento contingente que a constitui, na existência e universalidade dos sujeitos criados por seu advento, e no distanciamento dos formatos nos quais se instauraram esse novo, esse circunstancial e esse universal. Redesenhemos junto com ele o tríplice caule de nossas velhas culturas ocidentais: a concepção temporal da história, herdada dos profetas escritores de Israel, substituída no cristianismo por Santo Agostinho ou Pascal, laicizada por Condorcet ou Augusto Comte, tornada, enfim, tão erudita quando se desejar... a visão espaço-temporal do mundo oriunda da ciência grega e substituída pelos geômetras, astrofísicos ou bioquímicos... a sociedade comunitária e solidária reivindicada, enfim, por todos os direitos do mundo, não apenas pelo direito romano, mais jurídico do que declarativo, ou pelo anglo-saxão, mais algorítmico e jurisprudencial... No passado, esses três afluentes confluíram para uma nova era; com um volume maior, estes três tributários, história, mundo e sociedade, ainda locais, desaparecem e convergem hoje para um ramo transcultural, porque está conectado com a natureza. Não há mais história, mundo, nem sociedade, mas sim uma universalidade de espaço-tempo e de pessoas humanas.

Em contrapartida, como novos sujeitos dessa universalidade, conceitual e concreta, colocamos nossa evolução, a dos seres vivos e do mundo inerte, sob o efeito benéfico ou perverso de nossas intenções singulares e de nossas ações. A evolução produziu um produtor de evolução.

Nenhum profetismo me guia, nem qualquer proselitismo me entusiasma, não duvido, contudo, de que entre os assustadores gemidos do parto uma nova era se anuncia.

Para manter a fidelidade a si próprio, este livro precisou terminar com uma história. De Aquiles e Sara até Madame Bovary e Tintin, todas as narrativas, pelo menos aquelas que eu conheço, relatam as aventuras de uma heroína ou de um bravo, embora reportem as circunstâncias banais vividas por um anônimo da rua. Mesmo que seja narrada ao contrário ou construída, a exceção fascina. Ouvimos algum dia uma ópera sem solistas, composta unicamente para coros? Vocês algum dia leram, ouviram ou seguiram filmes, programas de televisão ou desenhos animados sem estrela principal, fosse ela brilhante ou vulgar? A cultura antiga consome os personagens.

Teria sido necessário escrever uma narrativa utópica, um êxodo... na qual, diante de determinadas circunstâncias, e sabendo negociá-las, um grupo inumerável escaparia de duas mortes conjugadas: aquela que inevitavelmente se encontra e aquela que o grupo prepara com suas próprias mãos. Não fui capaz de inventá-la. Desconfio que aqueles que fizerem isso irão abrir com muita alegria a porta fechada diante de minha fraqueza.

Bibliografia

A respeito das questões científicas e técnicas contemporâneas, a facilidade de navegação pela internet torna supérfluas as bibliografias. Esta bibliografia menciona apenas as obras básicas; as específicas implicam bibliografias apropriadas.

Sistema

Formato-pai

L. Brillouin, *La Science et la théorie de l'information* [A ciência e a teoria da informação]. Paris, Masson, 1948.

A. W. Crosby, *The Measure of Reality: quantification and Western Society (1250-1600)* [A mensuração da realidade: quantificação e sociedade ocidental], Cambridge, Cambridge University Press, 1997.

Erasmo, *Éloge de la folie* [Elogio da loucura] (1509), Mille et une nuits, 1997, "La petite collection".

C. Fremont, *Singularités* [Singularidades]. Paris, Vrin, 2003.

Platão, *Le Politique* [O político]. Paris, Les Belles Lettres, 1960.

M. Serres (dir.), *Éléments d'histoire des sciences* [Elementos de história das ciências]. Paris, Bordas, 1989.

Voltaire, *Histoire du docteur Akakia* [História do doutor Akakia], in *Mélanges*. Paris, Gallimard, 1961; sur la prevoyance et la prévision [sobre a previsão e a prospectiva], p. 295, coll. "Bibliothèque de la Pléiade".

Ciência-filha

Corneille, *Horace* [Horácio]. Paris, Garnier-Flammarion, 1968.

Homero, *L'Illiade, l'Odyssée* [A Ilíada, A Odisséia]. Paris, Gallimard, 1955, coll. "Bibliothèque de la Pléiade".

Platão, *Timée* [Timeu]. Paris, Les Belles Lettres, 2002.

Racine, *Andromaque* [Andrômaca]. Paris, Gallimard, 1950, coll. "Bibliotheque de la Pléiade".

O filho adotivo

Novum Testamentum graece. Stuttgart, ed. E. Nestle, 1908. Traduction oecumenique de la Bible (TOB) [Tradução ecumênica da Bíblia]. Paris, Le Cerf, 1982.

De la bibliographie sur Saint Paul, enorme, j'extrais[Da imensa bibliografia sobre São Paulo, extraí].

M.-F. Baslez, *Saint Paul* [São Paulo]. Paris, Fayard, 1991.

S. Ben-Chorin, *Paulus* [Paulo]. Munich, 1970.

S. Breton, *Saint Paul* [São Paulo]. Paris, PUF, 1988.

G. Lafon, *Épître aux Romains* [Epístola aos Romanos]. *Épître aux Galates* [Epístola aos Gálatas]. Paris, Flammarion, 1987.

J. L. Martyn, *Commentary on the Galatians* [Comentário sobre os Gálatas]. *Anchor Bible*, vol. 31, Doubledays, 1996.

Narrativa

Acontecimento

H. Bergson, *La Pensée et le mouvant* [O pensamento e o movente]. Paris, PUF, 1946. Cervantes, *L'Ingenieux Hidalgo Don Quichotte de la Manche* [O engenhoso fidalgo Dom Quixote de la Mancha]. Paris, Le Seuil, 1997.

La Fontaine, *Fables* [Fábulas]. Paris, Gallimard, 1991, coll. "Bibliothèque de la Pléiade".

G. W. Leibniz, *Nouveaux Essais sur l'entendement humain* [Novos ensaios sobre o entendimento humano]. J. Brunschwıg (ed.), Paris, Garnier-Flammarion, 1966.

Advento

A. Cailleux, "Premiers enseignements glaciologiques des expeditions polaires francaises" [Primeiros ensinamentos

BIBLIOGRAFIA

glaciológicos das expedições polares francesas]. 1948, *Revue de geomorphologie dynamique*, 1952, 1, pp. 1-19.

G. Flaubert, *Madame Bovary*. Paris. Gallimard, 1951, coll. "Bibliothèque de la Pléiade".

G. W. Leibniz, *Essais de théodicée* [Ensaios de Teodicéia]. J. Brunschwig (ed.), Paris, Garnier-Flammarion, 1969.

Les Présocratiques [Os pré-socráticos]. Paris, Gallimard, 1988, coll. "Bibliothèque de la Pléiade".

Quintiliano, *De institutione oratoria* [Sobre as instituições da oratória]. Meister, 1887.

É. Zola, *Au Bonheur des Dames* [Para a felicidade das mulheres]. Paris, Le Livre de Poche, 1965.

Racine, *Iphigénie, Phèdre, Athalie* [Efigênia, Fedra, Atalia]. Paris, Gallimard, 1950, coll. " Bibliothèque de la Pléiade".

Hoje

Euclides, *The Thirteen Books of Euclid's Elements, translated from the text of Heiberg* [Os treze livros dos elementos de

Euclides, traduzidos a partir do texto de Heiberg]. T. L. Heath (ed.), Nova York, Dover, 1956.

Montaigne, *Essais* [Ensaios]. Paris, Gallimard, 1937, coll. "Bibliothèque de la Pléiade".

Platon, *Ménon* [Mênon]. Paris, Nathan, 2002.

J. J. Rousseau, *Œuvres complètes* [Obras completas]. Paris, Gallimard, coll. "Bibliothèque de la Pléiade", t. I, *Rêveries d'un promeneur solitaire* [Devaneios de um caminhante solitário], 1959, t. III, *Le Contrat social* [O Contrato social], 1964.

Impresso no Brasil pelo
Sistema Cameron da Divisão Gráfica da
DISTRIBUIDORA RECORD DE SERVIÇOS DE IMPRENSA S.A.
Rua Argentina 171 – Rio de Janeiro, RJ – 20921-380 – Tel.: 2585-2000